Henri Parens · **Kindliche Aggressionen**

Henri Parens

Kindliche Aggressionen

Wie wir Grenzen setzen und den konstruktiven Umgang mit Gefühlen unterstützen können

Unter Mitarbeit von Elizabeth Scattergood,
William Singletary und Andrina Duff

Kösel

Übersetzung aus dem Amerikanischen von Karin Petersen, Berlin.
Die Originalausgabe erschien unter dem Titel »Aggression in Our
Children. Coping with it Constructively« bei Jason Aronson Inc.,
Northvale, New Jersey.
Beratung: Diplom-Psychologe Erwin Lemche, Berlin.

*Die Übersetzung dieses Buchs hat die Köhler-Stiftung
finanziell gefördert.*

*Für die Mütter
und ihre Kinder,
die uns so vieles
gelehrt haben*

Inhalt

Vorwort

Die Erfahrungen während unserer Arbeit mit Eltern und Kindern haben uns zu der Überzeugung gebracht, daß der Umgang mit kindlicher Aggression für Eltern eine der schwierigsten Aufgaben überhaupt darstellt. Kinder wiederum haben oft erhebliche Probleme, mit ihren eigenen Aggressionen zurechtzukommen, was sich für viele von ihnen bis ins Erwachsenenalter fortsetzt. Ein konstruktiver Umgang mit Aggression trägt viel zu einer ausgewogenen Entwicklung des Kindes bei und ist auch für die Eltern eine große Erleichterung.

Mit diesem Buch wenden wir uns an Eltern, psychologische Berater für Eltern und Kinder, Kinderärztinnen und -ärzte, Lehrer und an Menschen, die Kinder in anderer Weise betreuen. Im Verlaufe unserer Forschungen über Aggression bei kleinen Kindern haben wir festgestellt, daß es einige Formen der Interaktion zwischen Eltern und Kindern gibt, die besonders heftige Aggressionen wecken, und zwar vor allem in Form von Ärger, Feindseligkeit, Haß und Wut – Äußerungen also, die wir als feindselige Destruktivität bezeichnen können. Unsere Untersuchungen und unsere klinische Arbeit haben gezeigt, daß das elterliche Verhalten im Umgang mit den Kindern die Entwicklung von Aggression nachhaltig beeinflußt – dies sowohl in ihrer nicht-destruktiven Form, der Selbstbehauptung, als auch in ihrer destruktiven Ausprägung, der Feindseligkeit. Die Aufgabe der Eltern besteht darin, eine gesunde Aggression, die für die Anpassung notwendig ist, zu fördern, und Feindseligkeiten, die das Wohlergehen des Kindes beeinträchtigen können, abzuschwächen. Wir sind davon überzeugt, Eltern bei dieser Aufgabe helfen zu können, wenn wir sie über die typischen Züge und die Dynamik von Aggression informieren und Möglichkeiten aufzeigen, wie sie eingreifen können.

Zunächst einmal stellen wir den Leserinnen und Lesern unser Modell von Aggression vor. Es hat sich auf der Grundlage dessen entwickelt, was wir als Aggression und deren Ursachen verstehen gelernt haben. Dieses Modell liefert uns die Mittel, Umgangsweisen zu erforschen, zu begreifen und zu entwickeln, mit denen wir einer ganzen Reihe von häufig auftretenden Situationen zwischen Eltern und Kind begegnen können, bei denen die zwei grundlegenden Formen von Aggression – Selbstbehauptung und Feindseligkeit – im Spiel sind. Wenn wir Eltern dabei unterstützen können, ein klareres Verständnis für typische aggressive Formen des Austauschs zwischen ihnen und ihren Kindern zu gewinnen, werden sie in der Lage sein, dieses Grundwissen auch auf andere Situationen mit ihren Kindern anzuwenden.

Die Themen, denen wir uns widmen, sind komplex und können vielleicht beim ersten Lesen nicht ohne weiteres verarbeitet werden. Es gibt jedoch keine unerwarteten Stolpersteine, plötzliche Tiefen oder Ungeheuer. Unser Ziel ist, Eltern zu helfen, die mannigfaltigen Gelegenheiten zu nutzen, die diese schwierigen Begegnungen mit ihren Kindern bergen.

Dank

Wir möchten den vielen Eltern und ihren Kindern danken, die an den verschiedenen Gruppen für Eltern und Kleinkinder teilgenommen haben, mit denen wir seit 1970 sowohl am Eastern Pennsylvania Psychiatric Institute (The Medical College of Pennsylvania) als auch an der Germantown Friends School gearbeitet haben. Was wir lernten, indem wir sie beobachtet und mit ihnen zusammengearbeitet haben, hat unser auf der Grundlage von klinischer Arbeit und Forschung erworbenes Wissen nachhaltig ergänzt.

Zu Dank verpflichtet sind wir außerdem zahlreichen Mitarbeiterinnen und Mitarbeitern, die unsere Arbeit in all den Jahren überhaupt erst ermöglicht haben. Persönlich erwähnen möchten wir hier besonders Peter G. Bennett, M.D., Elaine Frank, M.S.W., Estelle Harris, R.N., Rogelio C. Hernit, M.D., Betty Ives-Adams, M.Ed., Leafy Pollock, Ph.D., und Denise Rowe.

Des weiteren gilt unser Dank den Mitarbeitern am psychiatrischen Fachbereich des Medical College of Pennsylvania, die unsere Arbeit seit nahezu zwei Jahrzehnten unterstützt haben, vom letzten Vorsitzenden des Fachbereichs, Leo Madow, M.D., dem letzten Chef der Kinderpsychiatrie am Eastern Pennsylvania Psychiatric Institute, Robert, C. Prall, M.D., bis zum derzeitigen Vorsitzenden, Wagner Bridger, M.D., dem gegenwärtigen Direktor der Ausbildung in Kinderpsychiatrie, Joel B. Goldstein, M.D., und der stellvertretenden Vorsitzenden und Direktorin der Kinderpsychiatrie, Susan V. McLeer, M.D. Besonders dankbar sind wir Selma Kramer, M.D., der früheren Chefin des Fachbereichs Kinderpsychiatrie am Medical College von Pennsylvania, die uns als Mentorin und Mitarbeiterin bei unserer Arbeit unermüdlich unter die Arme gegriffen hat.

Danken möchten wir auch Lorraine Slepian, R.C.S. W., und Michael Stept, M.D., die das Manuskript gelesen und Verbesserungsvorschläge vorgebracht haben. Besonders verpflichtet sind wir Patsy Turrini, R.C.S.W., und Lorraine Slepian vom Mothers' Center (Hempstead, New York), auf deren Drängen hin wir dieses Buch überhaupt erst geschrieben haben.

Und schließlich danken wir ausdrücklich Harriet Sumsky, die das Manuskript mehrmals getippt, uns wertvolle Vorschläge gemacht und uns kontinuierlich unterstützt hat.

1 Warum müssen wir verstehen, was Aggression ist?

Eltern ein Verständnis davon zu vermitteln, was Aggression ist, woher sie kommt oder was sie auslöst, wäre kein Thema, wenn nicht der Umgang mit der Feindseligkeit unserer Kinder, die sich gegen uns, gegen andere Menschen und sie selbst richtet, zu den schwierigsten Aufgaben der Elternrolle gehörte. So unangenehm es auch sein mag, uns das einzugestehen: Es ist unvermeidbar, daß unsere Kinder – Kleinkinder, Grundschulkinder und Jugendliche – uns zu bestimmten Zeiten hassen und wünschen, sie könnten uns loswerden, wobei sie diesen Gedanken dann selbst wieder als beängstigend empfinden. Oft fühlen wir den inneren Drang, diese Tatsache zu verleugnen.

Ein zweieinhalbjähriges Kind ist aufgebracht, weil die Mutter ihm mit vernünftigen Worten verbietet, einem anderen Kind das Spielzeug wegzunehmen, und es schreit sie an: »Ich hasse dich!« Die beunruhigte Mutter, die weiß, daß es Kindern schwerer fällt als Erwachsenen, ihre Gefühle zu kontrollieren, sagt daraufhin: »Ich weiß, daß du das gar nicht so meinst.« Leider ist das keine hilfreiche Antwort, und wir werden uns darüber Gedanken machen, warum das der Fall ist.

Genauso unvermeidbar ist es, daß wir als Eltern manchmal über unsere Kinder in Wut geraten und uns, weil wir sie lieben, hinterher sehr schlecht fühlen. Nur wenige Erfahrungen rufen mehr Schuld und Scham in uns Eltern wach als die Augenblicke, in denen wir das Gefühl haben: »Am liebsten wäre ich dieses kleine … los.«

Diese Ambivalenz, auf einen Menschen, den wir lieben, wütend zu sein und ihn sogar zu hassen, erleben wir in sämtlichen primären Beziehungen. Das sind die Beziehungen, die für uns von größter Bedeutung sind: die zwischen Eltern und Kindern, zwischen Geschwistern, Freunden und Ehepartnern. Der Ärger und Haß auf die von uns geliebten Menschen sind in unseren engen Beziehungen eine große Quelle von Schwierigkeiten.

Die Anlagen, mit denen wir geboren werden – und durch die manche von uns für emotionalen Schmerz und Reizbarkeit anfälliger sind als andere –, sowie die Erfahrungen, die wir im Laufe unseres Heranwachsens machen, sind ausschlaggebend dafür, was für ein Mensch wir werden und wie wir uns als Freund, Gefährte, Mutter oder Vater verhalten. Das Beste wiederum, was wir als Eltern tun können, ist, unseren Kindern zu helfen, mit den Schwierigkeiten des Heranwachsens zurechtzukommen und sich zu Individuen zu entwickeln, die es genießen, zu lieben und geliebt zu werden, zu arbeiten und kreativ zu sein, sich zu entspannen und Freude am Leben zu haben. All das wird beeinflußt durch die Art und Weise, wie unsere Kinder lernen, mit Aggression umzugehen.

Unsere Aggression wirkt sich auf unsere emotionale Entwicklung, die Ausprägung unserer Persönlichkeit, unser emotionales Befinden und unsere geistige Gesundheit aus – und zwar sowohl in Form von Selbstbehauptung (nicht-destruktive Aggression) als auch in Form von Feindseligkeit und Haß (feindselige Destruktivität). Wir können nicht genug betonen, daß das Wohlergehen unserer Kinder und ihre Entwicklung zu Individuen und sozialen Wesen nachhaltig dadurch begünstigt wird, daß wir ihnen beibringen, mit ihren Aggressionen konstruktiv umzugehen.

Wenn Sie das Verhalten Ihres Kindes verstehen, können Sie Erziehungsstrategien entwickeln

Wenn wir ein Problem verstehen, sind wir besser gerüstet, es auch zu lösen. Begreifen wir, was in unserem Kind vorgeht, können wir uns als Eltern vernünftiger, konstruktiver und selbstbewußter verhalten, so daß wir unser Kind wirklich erreichen. Eltern verstehen vieles, und in vielem erfüllen sie ihre Aufgabe gut, ohne auf die Hilfe anderer oder auf Bücher zurückgreifen zu müssen. Das, was wir auf dem Hintergrund dessen tun, was wir fühlen, begreifen und glauben, ist tatsächlich oft das Beste für unsere Kinder. In manchen Zeiten jedoch befinden sich selbst die besten Eltern im Zwiespalt darüber, was zu tun ist, und das gilt besonders im Hinblick auf aggressives Verhalten.

Wir hatten das Privileg und die Gelegenheit, über zwei Jahrzehnte hinweg – auf klinischem Gebiet und im Erziehungsbereich[1] – mit Eltern und Kindern zu forschen und zu arbeiten. Diese Arbeit und unsere persönlichen Erfahrungen als Eltern haben uns viel Respekt für Eltern eingeflößt – für ihre Hingabe, ihren Erfindungsreichtum und ihre umfassenden Bemühungen, ihre Kinder zu erziehen. Wir haben dabei eindringlich erfahren, wie anstrengend und schwierig die Elternrolle ist!

Wir haben auch die Erfahrung gemacht, daß Menschen, die auf psychologischem Gebiet tätig sind, sehr viel Wissen zur Verfügung steht, das für uns alle als Eltern von großem Nutzen sein kann. In vorher nicht gekanntem Ausmaße hat die klinische und praktische Psychologie unser Verständnis des kindlichen Verhaltens sowie das Wissen darüber, was Kinder für eine gesunde Entwicklung brauchen, erweitert. Die Forschung mit Säuglingen und Kindern im Verlauf des letzten halben Jahrhunderts hat uns Informationen bereitgestellt, die, wenn sie Eltern zugänglich gemacht werden, diesen bei ihrer Aufgabe eine große Hilfe sein können. Hier in diesem Buch werden wir uns auf die kindliche Aggression konzentrieren, die unserer Überzeugung nach von entscheidender Bedeutung ist. Wenn Eltern einige zentrale Formen der Interaktion verstehen, die für ihre Kinder emotional wichtig sind und für sie als Eltern eine Herausforderung darstellen, können sie das, was sie über den Umgang mit Aggression gelernt haben, mit Hilfe des elterlichen Erfindungsreichtums auch auf andere Bereiche des Austauschs mit ihren Kindern übertragen.

2 Was ist Aggression, und was verursacht sie?

Zuerst einmal wollen wir klarstellen, was wir unter *Aggression* verstehen. Aggression wird nicht einheitlich definiert. Ein Grund dafür ist, daß mit dem Oberbegriff »Aggression« verschiedene Verhaltensweisen gemeint sind. So ist zum Beispiel Feindseligkeit eine aggressive Äußerung, von der wir wissen, daß sie viel Unannehmlichkeiten bereitet, ganz gleich, ob sie sich gegen uns selbst oder gegen andere richtet. Selbstbehauptung dagegen ist eine Form von Aggression, die uns gute Dienste dabei leistet, unsere Ziele zu erreichen; tatsächlich können wir in dieser Hinsicht ohne Aggression gar nichts bewirken. Zu beachten ist auch, daß wir nicht alle das gleiche meinen, wenn wir bestimmte Verhaltensweisen als aggressiv bezeichnen. Für einige Wissenschaftler ist Selbstbehauptung beispielsweise keine Aggression. Für uns wie für viele andere auch ist das jedoch der Fall.

Es gibt mehrere Modelle, die uns bei der Erörterung des Umgangs mit kindlicher Aggression nützlich sein können. Im folgenden stellen wir ein Modell vor, das wir auf dem Hintergrund unserer Arbeit entwickelt haben. Es hat uns gute Dienste erwiesen.

Ein Arbeitsmodell für das Verständnis von Aggression

Unsere eigenen Untersuchungen mit »normalen« kleinen Kindern und ihren Eltern (meistens Müttern) in ihrem natürlichen Umfeld haben uns gezeigt, daß Aggression in verschiedenen Formen auftritt, die sich selbst bei sehr kleinen Kindern zeigen. All diese Formen (und Verhaltensweisen) der Aggression haben eines gemeinsam: Sie stellen den Versuch dar, uns und unsere Umgebung einschließlich der Menschen in unserer Nähe zu kontrollieren, zu beeinflussen und zu beherrschen. Diese aggressiven Verhaltensweisen scheinen von einem angeborenen Mechanismus oder einer inneren »Kraft«, die sie motiviert, angetrieben zu werden.

Wir möchten noch einmal betonen, daß unser Modell nicht an einem einsamen Schreibtisch entwickelt wurde. Ganz im Gegenteil. Wir sahen uns gezwungen, Aggression näher zu erforschen, als wir feststellten, daß das Verhalten kleiner Kinder einige unserer früheren Theorien dazu in Frage stellte. Um dieses Problem zu lösen, machten wir uns daran, das aggressive Verhalten von Kindern noch einmal ganz neu zu betrachten. Zu Beginn unserer Beobachtungen von kleinen Kindern und deren Eltern waren wir mit einem verwirrenden und verblüffenden Spektrum an Verhaltensweisen konfrontiert, die alle als aggressiv eingestuft werden. Wir stellten jedoch fest, daß sich gewisse Formen aggressiven Verhaltens deutlich von anderen unterscheiden. Ein Beispiel: Das forschende Verhalten eines Säuglings oder das angestrengte Bemühen eines Kindes, etwas zu bewerkstelligen, unterscheiden sich eindeutig vom wütenden Schreien eines hungrigen Babys oder dem Necken und Sticheln zwischen Kindern.[2]

Um mehr Klarheit zu gewinnen und Schwerpunkte zu setzen, werden wir uns bei unserer Diskussion über Aggression auf die zwei Hauptformen beschränken, mit denen wir als Eltern konfrontiert sind. Die erste ist die *nicht-destruktive Aggression*, die wir bei zielgerichteten Verhaltensweisen sehen können, die ohne Feindseligkeit sind und bei denen es darum geht, sich zu behaupten, zu schützen und bestimmte Fähigkeiten zu entwickeln. Es ist offenkundig, daß nicht-destruktive Aggression das Produkt eines angeborenen Systems ist, das der Anpassung und der Umsetzung unserer Wünsche und Ziele dient. Dieses System ist, wie einfach ausgebildet auch immer, bereits bei der Geburt vorhanden und im Einsatz.

Die zweite Form ist die *feindselige Destruktivität*, die sich in wütenden, unangenehmen und verletzenden Verhaltensweisen äußert: Haß, Wutausbrüche, Einschüchterungsversuche, Quälereien, Rachsucht und ähnliches mehr. Auch wenn feindselige Destruktivität dem Selbstschutz dient, erzeugt sie für Menschen viele individuelle und kollektive Probleme und Leiden. Im Gegensatz zur nicht-destruktiven Aggression ist feindselige Destruktivität bei der Geburt nicht vorhanden, sondern lediglich der Mechanismus, der sie auslöst (erzeugt) oder in Gang setzt. Was diesen Mechanismus aktiviert und feindselige Destruktivität noch in ihrer primitivsten Form in der Kleinkindzeit hervorruft, ist die *Erfahrung von extremer Unlust (in Form von Schmerz oder Kummer)*.

Das sind die Formen von Aggression, mit denen wir es bei der Erziehung von Kindern am häufigsten zu tun haben. Unser gesamtes emotionales Leben wird von ihnen beeinflußt. Beide Formen von Aggression werden geprägt durch die Erfahrungen, die unsere Kinder machen, besonders die mit uns Eltern. Wir wollen uns diesen beiden Hauptformen von Aggression nun noch etwas ausführlicher zuwenden.

Zuerst gibt es eine Form von Aggression, die als solche weder destruktiv noch feindselig ist. Sie zeigt sich im Verhalten von kleinen Kindern während der ersten Lebensmonate. Wir glauben, daß das Ziel dieser nicht-destruktiven Aggression in dem Bestreben liegt, sich zu behaupten, Kontrolle auszuüben sowie sich selbst und die eigene Umwelt zu beherrschen. Dieser Typ von Aggression ist eine stark motivierende Kraft und wohnt den Anstrengungen inne, sich zu entwickeln und Kompetenz und Selbstvertrauen zu gewinnen. Diese Aggression motiviert auch einen Kampfesgeist, der die Selbstverwirklichung unterstützt, ohne primär feindselig und destruktiv zu sein. Sie dient der Sicherung und Wahrung unserer Bedürfnisse, unseres Besitzes und unserer Rechte. Sie ist die treibende und erhaltende Kraft für unsere Selbstbestimmung und eng verbunden mit dem Erreichen unserer persönlichen Wünsche und Ziele sowie unserer Fähigkeit zur Anpassung. Tatsächlich ist es für eine gesunde Anpassung von grundlegender Bedeutung, daß diese Form von Aggression ausreichend entwickelt ist.

Diese Form von Aggression zeigt sich in den forschenden Verhaltensweisen des Kleinkinds sowie im Bemühen eines Schulkinds oder Teenagers, etwas zu bewerkstelligen. Sie wird besonders deutlich bei den Erkundungen von kleinen Kindern, die einem Drang zu folgen scheinen und spürbar entschlossen sind, die Dinge festzuhalten, die ihr Interesse wecken.

20

So greift zum Beispiel die dreieinhalb Monate alte Jane beim Füttern mit der Hand nach dem Löffel, den die Mutter zum Mund des Kindes führt. Sie umklammert ihn ziemlich fest und scheint sich damit am Füttern zu beteiligen. Am selben Vormittag erforscht Jane etwas später eine Reihe von Plastikringen, die an einer Schnur hängen. Sie starrt die Ringe an, greift nach ihnen, zieht daran, steckt sie in den Mund, starrt sie weiter an und steckt sie erneut in den Mund. Immer wieder spielt sie dieses Spiel mit drängender Beharrlichkeit. Der Eindruck entsteht, daß sie von diesem (für sie) neuen Ding fasziniert ist und in Erfahrung bringen muß, was das ist.

Hier erleben wir Janes Bemühungen, sich etwas Neues anzueignen – ihren inneren Drang, etwas in ihrer Umgebung unter Kontrolle zu bringen, indem sie es dazu bringt, zu tun, was sie will. Dabei zeigt sie keinerlei Ärger oder Verdruß und hat auch nicht die Absicht, Dinge zu zerstören oder ihnen Schaden zuzufügen. Wir sehen diese Art von Aktivität bei kleinen Kindern bereits von den ersten Lebensmonaten an, und zwar in den aktiven Wachphasen, wenn der Säugling sich emotional und körperlich wohl fühlt und den Eindruck erweckt, daß er sich für seine Umgebung interessiert und sie erforschen will.
Jetzt wollen wir die Form von Aggression näher betrachten, die wir als *feindselige Destruktivität* bezeichnen. Sie umfaßt wütende und feindselige Verhaltensweisen, die mit Erfahrungen von extremer Verzweiflung und Schmerz einhergehen, sowie auch feindselige Äußerungen, in denen sich die Lust und der Wunsch zu verletzen zeigen.
Wir haben bei Kindern viele Verhaltensweisen mit aggressiven Zügen beobachtet, die als Feindseligkeit einzustufen sind. Ja, wir haben die frühesten Formen solchen Verhaltens bereits von den ersten Lebenstagen an gesehen. Wutreaktionen sind selbst bei Neugeborenen schon möglich. Wir glauben, daß diese Wutreaktionen die primitivste Form der Feindseligkeit bei Menschen darstellen. Natürlich denkt ein kleines Kind in den ersten Lebensmonaten, das in Wut gerät, nicht daran, etwas oder jemanden zu zerstören oder zu verletzen. Unseres Wissens nach sind Säuglinge in den ersten Lebensmonaten zu solchen Gedanken oder entsprechenden Absichten nicht imstande. Wir gehen davon aus, daß die Fähigkeit, solche Wünsche zu entwickeln, erst etwa in der Mitte des ersten Lebensjahres entsteht. Vom Ende des ersten Lebensjahres an vermitteln Wutreaktionen bei Kindern uns

deutlich den Eindruck, daß das Kind feindselige Gefühle und damit einhergehend oft auch den Wunsch verspürt, etwas anzurichten. Diese Gefühle zeigen sich zum Beispiel, wenn ein Kind, das man gegen seinen Willen in sein Bettchen legt, ärgerlich ein Spielzeug durch die Luft schleudert.

Unsere Beobachtungen mit Kleinkindern (noch bevor sie imstande sind, destruktive Gedanken und Gefühle zu entwickeln) haben uns zu der Annahme geführt, daß es für Wutreaktionen immer einen Auslöser gibt. Tatsächlich gilt das für sämtliche feindseligen Verhaltensweisen. Der Auslöser ist die Erfahrung von extremem Schmerz oder extremem Kummer. Wir haben in diesem Zusammenhang von *extremer Unlust* gesprochen. Während unserer jahrelangen Beobachtungen haben wir festgestellt, daß Kinder, die einen Wutanfall bekommen, immer einen Grund dafür haben – was alle Eltern intuitiv wissen.

Nur wenn Eltern vergeblich alles versucht haben, um die Quelle für den extremen Schmerz oder den heftigen Kummer ihres Kindes ausfindig zu machen, greifen sie auf die Erklärung zurück, daß Kinder weinen müssen, um »ihre Lungen zu stärken«. Wir halten diese Schlußfolgerung schlichtweg für falsch. Das Gute am Weinen von Kindern ist unter anderem, daß sie dadurch den Schmerz (welcher Art auch immer), den sie verspüren, zum Ausdruck bringen. Das ist im allgemeinen wünschenswert. Hier aber geht es uns vor allem um den Punkt, daß ein Kleinkind aus dem Grund in Wut gerät, weil es in der einen oder anderen Form heftigen Schmerz oder Kummer und damit extreme Unlust erfahren hat. Dieser Zustand ist Vorbedingung für das Erleben von Wut.[3]

Diese und ähnliche Verhaltensweisen haben uns zu der Überzeugung gebracht, daß *allen Gefühlen von Feindseligkeit die Erfahrung von extremem Schmerz oder extremem emotionalen Kummer zugrunde liegt.* Durch den extremen Kummer verwandelt sich die ursprünglich neutrale Tendenz, sich zu behaupten und die eigene Umgebung zu kontrollieren, in den Wunsch oder das Bedürfnis, dem Menschen oder der Sache Schaden zuzufügen, der oder die als Quelle für das eigene extreme Unbehagen betrachtet wird. Bei dieser Form von Aggression scheint das Kind unter dem inneren Drang zu stehen, das zu zerstören, was es für die Ursache seiner extremen Unlust hält.

Kinder bemühen sich schon in einem sehr frühem Alter darum, akzeptable Ausdrucksformen für ihre feindseligen Gefühle zu finden, damit sie ihren Ärger loswerden und ausagieren können. So haben wir zum Beispiel ein 14 Monate altes Mädchen beobachtet, das auf seine Mutter wütend war. Sie setzte an, einen Holzklotz nach ihrer Mutter zu werfen, drehte sich aber statt dessen leicht zur Seite und warf den Klotz einer Frau ans Bein, die *neben* ihrer Mutter saß. Sie hatte die negativen Gefühle, die sie ihrer Mutter entgegenbrachte, sowie den feindseligen Impuls, der daraus erwuchs, von der Mutter, die ihr lieb war, auf einen anderen Menschen verlagert, den anzugreifen ihr nicht so bedrohlich erschien. Während sie das tat, lächelte sie selbstzufrieden.

Bei einer anderen Gelegenheit beobachteten wir, wie die 14 Monate alte Candy auf den zweieinhalbjährigen Donny zulief und ihm einen heftigen Schlag auf den Arm versetzte. Wir waren über diesen Vorfall nicht überrascht, denn drei Tage zuvor hatte Donny Candy kräftig geschlagen. Zu der Zeit hatte sie zwar geweint, aber wir hatten keinen aggressiven Angriff gegen Donny feststellen können. Statt dessen verlagerte Candy ihre feindseligen Gefühle auf ihre Schwester Cindy und auf Spielsachen. Jetzt, drei Tage später, schien Candy ganz gezielt Schläge auszuteilen, um ihre feindseligen Gefühle gegen Donny loszuwerden. So klein, wie sie war, schien sie doch ganz ruhig zu sein und sich unter Kontrolle zu haben, vorbereitet auf diese Aktion. Sie erweckte nicht den Eindruck, als ob das, was sie tat, ihr Spaß mache, aber sie strahlte eine trotzige Selbstzufriedenheit aus.

Wir wollen uns jetzt einem weiteren Beispiel zuwenden. Diesmal geht es um feindseliges Verhalten, bei dem deutlich wird, daß es lustvoll zum Ausdruck kommt und von dem Wunsch begleitet ist, den anderen zu verletzen. Diese Form des Verhaltens tritt etwa ab dem ersten Lebensjahr auf und zeigt sich, wenn ein Kind andere Kinder hänselt und stichelt.

Die zweieinhalbjährige Susan schien eines Morgens ziemlich unruhig zu sein. Während sie von einem Spielzeug zum anderen wanderte, sah sie interessiert zu, welche Spielsachen der anderthalbjährige Tommy untersuchte. Mit einem angedeuteten Lächeln im Gesicht griff sie nach Tommys Spielzeug und riß es ihm aus der Hand. Ihre Mutter schaute gerade woanders hin und sah den Vorfall nicht. In Sekundenschnelle griff Susan – wobei sie wieder lächelte – nach dem nächsten Spielzeug, das Tommy sich nahm. Tommy war aufgebracht. Trotzdem holte er sich noch ein weiteres Spielzeug, und sofort riß Susan es ihm wieder weg. Ihr Lächeln drückte aus, daß es ihr Spaß machte, Tommy eins auszuwischen. Jetzt hörten die Erwachsenen Tommy schreien, und Susans Mutter schaltete sich ein.

Wir haben daraus den Schluß gezogen, daß diese beiden Kinder feindselige Gefühle ausagierten, die zu einem früheren Zeitpunkt durch bestimmte Ereignisse ausgelöst worden waren. Bei Candy hatten wir gesehen, daß sie drei Tage vorher von Donny angegriffen worden war, der daraufhin zu ihrer Zielscheibe wurde. Wir haben daraus gefolgert, daß feindseligen Verhaltensweisen von Kindern – und zwar denen, die lustvoll und/oder vorsätzlich ausgetragen werden – Ereignisse vorausgehen, die von einem extremen Schmerz begleitet waren, der in der Psyche gespeichert worden ist. Die aggressiven Empfindungen werden von dem Kind dann später in Situationen ausagiert, denen es sich besser gewachsen fühlt. Mit anderen Worten: Wenn Kinder oder Erwachsene sich sadistisch verhalten und einen anderen Menschen verletzen, gehen wir davon aus, daß sie das tun, weil sie zuvor selbst emotional erheblich verletzt worden sind. Die Verletzung unseres Narzißmus (unserer Selbstliebe und Selbstachtung) ist eine Hauptquelle für solche feindseligen Akte.

Somit ist feindselige Destruktivität – wie die anderen Formen von Aggression auch – grundsätzlich ein Akt der Selbstbehauptung und Kontrolle in bezug auf die eigene Person und Umgebung. Unter dem Einfluß extremen Kummers oder extremen Schmerzes wird dieses Verhalten zu dem Wunsch, selbst Schmerz zuzufügen und die Dinge oder Menschen, die unter Kontrolle gebracht werden sollen, zu zerstören. Hier liegen unserer Meinung nach die Grundlagen von Feindseligkeit, Haß und Wut.

Diese Form der Aggression führt auch zur Ambivalenz in menschlichen Beziehungen. Sie kann – wie klinische Psychologen wissen – enorme emotionale Konflikte sowie extreme Schuldgefühle und Gewissensbisse hervorrufen. Sie hat verheerende Folgen für unsere Beziehungsfähigkeit und vieles mehr.

Schlußfolgerungen für das Elternverhalten

Dieses Aggressionsmodell hat weitgehende Konsequenzen für das Elternverhalten. Vor allem bedeutet es, daß wir nicht mit sämtlichen aggressiven Verhaltensweisen in gleicher Weise umgehen können. Und das ist auch überhaupt nicht wünschenswert. Wenn wir unseren Kindern helfen wollen, in unsere Welt hineinzuwachsen, müssen sie imstande sein, sich zu bestimmten Zeiten in einer bestimmten Form aggressiv zu äußern und zu anderen Zeiten Formen nicht-aggressiven Verhaltens zu zeigen. »Was soll ich tun, wenn mein Kind ein anderes Kind schlägt?« lautet eine Frage, die wir oft zu hören bekommen. Um sie beantworten zu können, müssen wir Genaueres über das Kind wissen, um das es geht. Wir müssen wissen, unter welchen Umständen es ein anderes Kind geschlagen hat und welche Beziehung es zu ihm hat. Greift es das andere Kind an? Verteidigt es seinen Besitz? Rächt es sich, weil das andere Kind ihm vorher zugesetzt hat? Mit anderen Worten: Schützt es sich selbst, oder verhält es sich feindselig und verlagert seine Wut, die aus anderen Quellen stammt, auf einen Unbeteiligten?

Aggression, so möchten wir immer wieder betonen, hat nicht nur ein Gesicht. Einerseits kann sie ihrem Wesen nach konstruktiv sein und der Anpassung, dem Schutz der eigenen Person und der eigenen Rechte sowie der Erfüllung eigener Wünsche und Ziele dienen. Wenn sie angemessen zum Ausdruck gebracht wird, spielt Aggression eine wichtige Rolle für unsere Anpassung, unser Lernen und unsere Fähigkeit, unsere Vorhaben erfolgreich in die Tat umzusetzen.

Andererseits kann Aggression sich aber auch als Feindseligkeit und Haß äußern. Sie kann zu dem Wunsch – und sogar zu dem Bedürfnis – werden, sich selbst und andere zu verletzen. Sie kann bewirken, daß ein Kind andere Kinder schikaniert und ein weiteres Kind entsetzliche Angst davor hat, für sich selbst einzutreten. Beides sind Auswirkungen feindseliger Aggression. Sie kann zu Schmerz und der Vernichtung unserer eigenen Ziele und Wünsche sowie zur Zerstörung unserer Umgebung führen. In extremer Form kann sie die Vernichtung der Menschen in unserer Umgebung sowie unsere Selbstzerstörung zur Folge haben.

Die erste Form von Aggression ist äußerst erstrebenswert und notwendig, um in der Welt etwas zu erreichen und zu überleben. Die zweite führt zu Verletzung und Schmerz, selbst wenn sie unter bestimmten Umständen für die Anpassung und das Überleben erforderlich sein kann. Aus elterlicher Sicht gilt, daß wir unseren Kindern helfen wollen zu lernen, sich auf gesunde und konstruktive Weise selbst zu behaupten. Kinder sollten fähig sein, sich, wo es wünschenswert ist, durchzusetzen, bei ihren Bemühungen um die Lösung bestimmter Aufgaben durchzuhalten und ihre Energien für das Erreichen ihrer Vorhaben und Ziele einzusetzen. Andererseits möchten wir nicht, daß unsere Kinder sich selbst oder anderen gegenüber feindselig verhalten oder sich und der Gesellschaft Schaden zufügen. Wir möchten auch nicht, daß sie sich in innere Konflikte, Schuld und Scham verstricken. Unser Wunsch ist, daß unsere Kinder sich und andere respektieren, sich sozial verantwortlich verhalten, ihre Liebesbeziehungen befriedigend gestalten, effektiv arbeiten und ihr Leben hinreichend genießen.

Wenn wir die Tatsache anerkennen, daß Aggression zum einen in konstruktiver Form auftreten und das Kind bei seinem Streben nach Autonomie und Selbstbehauptung unterstützen kann, zum anderen aber auch als feindseliges und destruktives Verhalten in Erscheinung tritt, fällt es uns vielleicht leichter, die Frage »Was soll ich tun, wenn mein Kind ein anderes schlägt?« zu beantworten.

Das Maß an Feindseligkeit, das im Kind ausgelöst wird, beeinflußt sein Wohlergehen. Uns allen sind die verheerenden Auswirkungen bewußt, die übertriebene Feindseligkeit in unserer Welt nach sich zieht: Kriminalität in Familie und Gesellschaft, Kriegshetze und aktuelle Kampfhandlungen sowie die Bedrohung durch den nuklearen Rüstungswettlauf. Auch wenn wir als Eltern zutiefst besorgt über diese Entwicklungen sind, wollen wir uns diesen Themen nicht auf der gesellschaftlichen Ebene zuwenden, sondern hier lediglich betonen, daß ungelöste Probleme in bezug auf feindselige Destruktivität weitreichende Folgen haben können.

In diesem Buch wollen wir erörtern, welche Auswirkungen Feindseligkeit auf das Wohlergehen unserer Kinder hat. Daß wir, wenn uns etwas Schmerzen oder Kummer bereitet, den Wunsch verspüren, selbst zu verletzen und zu zerstören, ist durchaus verständlich. Und genau darum geht es bei Feindseligkeit, Haß und Wut. So schwer das auch zu akzeptieren sein mag, wir müssen hinnehmen, daß ein gewisses Maß an Feindseligkeit bei unseren Kindern unvermeidbar ist. Selbst in den besten Welten und Familien kommt es zu Enttäuschungen und zur Ablehnung von Wünschen, denn das ist für eine Erziehung, die das Wachstum unserer Kinder fördert, oft notwendig. Anders gesagt: Eltern werden bei ihren Kindern unweigerlich auch Feindseligkeit auslösen, selbst wenn sie sie noch so liebevoll erziehen und in ihrer Entwicklung fördern. Selbst mäßige feindselige Gefühle bereiten dem Kind gewisse Schwierigkeiten. Das ist unvermeidbar. Wir können jedoch ganz wesentlich dazu beitragen, sowohl die Häufigkeit als auch die Intensität auftretender Feindseligkeiten zu regulieren und damit unsere Kinder vor *extremer* Feindseligkeit zu schützen. Wir können ihnen konkrete Hilfestellungen geben.

Glücklicherweise sind wir bei den meisten Kindern und in den meisten Situationen imstande, die Entwicklung übermäßiger Feindseligkeit zu verhindern. Da Feindseligkeit durch extremen Schmerz und/oder Kummer ausgelöst wird, können wir ihre Entstehung beeinflussen, indem wir Wege finden, unsere Kinder vor intensiven Unlusterfahrungen zu bewahren oder diese abzuschwächen. Wir können das Entstehen übermäßiger Feindseligkeit in unseren Kindern verhindern, indem wir erkennen, daß mäßige Feindseligkeit weder verhindert werden kann noch muß. Vor einigen Jahren haben wir für diejenigen, die mit Kindern zu tun haben, eine Reihe von Empfehlungen formuliert.[4]

Wir können Eltern, Betreuern, Lehrern und anderen, die mit Kindern arbeiten, helfen, zu lernen und zu erkennen, daß extreme Unlusterfahrungen Feindseligkeit im Kind erzeugen oder wachrufen. Der Schlüsselbegriff hier ist *extreme Unlust*. Dabei ist zweierlei zu beachten: Erstens sind Unlusterfahrungen unvermeidbar, und zweitens führen sie unter günstigen Umständen zu Anpassung, Lernen und Wachstum. Im besten Falle lernen wir durch Frustration, unser Leben zu meistern und neue Schritte zu gehen. So stehen selbst kleinen Kindern Anpassungsmechanismen zur Verfügung, die aktiviert werden, wenn ihnen etwas nicht behagt. Sie reagieren auf mäßige Unlusterfahrungen, indem sie ihren Daumen oder Schnuller in den Mund stecken. Damit passen sie sich der Situation an und lernen sich selbst zu beruhigen.

Im Grunde üben sie sich darin, unabhängig zu werden. Erst wenn die Unlust ein gewisses Maß überschreitet, hat sie verheerende Folgen für das Individuum. Kinder müssen vor häufigen und langfristigen Unlusterfahrungen geschützt werden. Für Eltern und andere Betreuer von Kindern ist es wichtig zu wissen, daß Kinder sich in bezug auf ihre Frustrationstoleranz erheblich unterscheiden. Wir alle haben verschiedene Empfindlichkeitsschwellen, wenn es darum geht, Schmerz zu ertragen. Eltern sollten während der ersten Lebensjahre ihres Kindes sorgfältig beobachten, wie es sich verhält, wenn es extreme Unlusterfahrungen macht. Jedes Kind hat seine eigene Art, intensive Unlustgefühle durch sein Verhalten oder andere Äußerungen zum Ausdruck zu bringen. Wir empfehlen Eltern, ihre Fähigkeit, zu fühlen, was ihr Kind erlebt, noch weiterzuentwickeln und nach den Ausdrucksformen Ausschau zu halten, die extreme Unlust signalisieren.

Eltern sollten wissen, daß sie ihrem Kind dabei helfen können, die in ihm ausgelöste Feindseligkeit zu mäßigen. Wie gut und schnell das Kind dies von seinen Eltern lernt, hängt weitgehend von der Beziehung zwischen Kind und Eltern ab. Jedes Kind ist fähig, die Intensität der feindseligen Gefühle, die bestimmte Lebensumstände in ihm auslösen, zu mildern und abzuschwächen. Eine hinreichend positive Bindung zur Mutter und/oder zum Vater ist Voraussetzung dafür, daß ein Kind diese potentielle Fähigkeit entwickeln kann. Ein liebevolles und grundsätzlich positives emotionales Verhältnis zu den Eltern hilft dem Kind, mit seiner Feindseligkeit besser umgehen zu können. Das erspart ihm sehr viel Schmerz, und es lernt, für sein Wohlergehen zu sorgen. Eine gute emotionale Beziehung zum Kind hat weitreichende Folgen, nicht nur in bezug auf die Aggression, sondern für sämtliche Bereiche des emotionalen Lebens.

Durch unsere Arbeit mit Eltern und Kindern sind wir zur Überzeugung gelangt, daß wir Eltern dabei helfen können, konstruktiv in das Leben ihrer Kinder einzugreifen, die Erzeugung und Mobilisierung von Feindseligkeit abzuschwächen und den Kindern zu zeigen, wie sie mit unvermeidbaren Erlebnissen von extremer Unlust und Feindseligkeit wachstumsfördernd umgehen können. Während unserer Studien über Aggression und der Schulung von Eltern haben wir bestimmte Bereiche des Austauschs und der Erfahrungen von Eltern

und Kindern ausfindig gemacht, in denen am häufigsten Feindseligkeit ausgelöst oder mobilisiert wird. In diesen im folgenden aufge-
führten Bereichen der Interaktion können auch konstruktive Formen
von Aggression akzeptiert und gefördert werden:
- konstruktiv mit extremen Unlusterfahrungen des Kindes umgehen,
- das Bedürfnis des Kindes nach einem hinreichenden und angemessenen Maß an Autonomie sowie Forschen, Lernen und Ex-
  perimentieren erkennen und zulassen,
- Grenzen setzen in konstruktiver Weise,
- dem Kind beibringen, wie es Ärger und Feindseligkeit angemessen und akzeptabel zum Ausdruck bringen kann,
- mit den Wutanfällen und Zornesausbrüchen des Kindes wachstumsfördernd umgehen,
- dem Kind helfen, mit schmerzlichen Gefühlen wie Angst und
  Depression umzugehen und
- optimale Bedingungen für eine positive Beziehung zwischen Eltern und Kind schaffen.

In den folgenden Kapiteln werden wir den Umgang mit Aggression
in jedem dieser Bereiche der Interaktion zwischen Eltern und Kindern
erörtern. Unser positives Ziel dabei ist, eine Grundlage für das Eingreifen der Eltern zu schaffen, und wir werden mehrere Schritte
vorschlagen, mit denen Eltern das Wachstum ihrer Kinder fördern
können. Wir werden nicht sämtliche Aspekte des aggressiven Verhaltens von Kindern aufgreifen; das ist weder möglich noch notwendig. Während der Erarbeitung dieser sieben Formen des Austauschs
zwischen Eltern und Kindern werden Eltern vieles lernen, was sie
auch auf andere Situationen übertragen können.
Unser primäres Ziel besteht darin, Eltern zu helfen, das Verhalten und
die Aggression ihrer Kinder besser zu verstehen. Dieses Verständnis
bildet die Grundlage dafür, daß Eltern hilfreiche Schritte entwickeln,
mit denen sie das Verhalten ihrer Kindern beeinflussen. Wir glauben,
daß Eltern mit diesem Hintergrund konstruktiver mit der Feindseligkeit umgehen können, die durch bestimmte Lebenserfahrungen unweigerlich in ihrem Kind und in ihnen selbst wachgerufen wird.

3 Der konstruktive Umgang
mit extremen Unlusterfahrungen

Die drei Monate alte Kathy gibt seit ein paar Minuten nervöse Laute von sich. Dann wird sie still. Kurz darauf beginnt sie wieder, sich aufzuregen, diesmal etwas lauter. Und wieder wird sie still. Etwa 20 Sekunden später wird sie erneut unruhig und steigert sich schließlich in ein Weinen hinein. Jetzt wendet sich ihre Mutter von der Freundin ab und ihrem Baby zu. Während die Mutter Vorbereitung trifft, Kathy zu füttern, wird das Weinen des Babys intensiver, und wir hören jetzt darin auch Klage, Ungeduld und Ärger. Während die Mutter das Fläschchen für das Kind vorbereitet, wird Kathys Reaktion noch heftiger, und sie weint jetzt wütend. Ginge Kathys Mutter an diesem Punkt nicht auf das Kind ein, würde es wahrscheinlich eine extrem unangenehme Erfahrung machen.

Unser Ziel in diesem Kapitel besteht darin, Eltern zu helfen, extremen Unlusterfahrungen vorzubeugen und dafür zu sorgen, daß sie nicht so oft vorkommen. Da extrem unangenehme Erfahrungen aber nicht völlig zu vermeiden sind, wollen wir Eltern außerdem zeigen, wie sie die Intensität und die Dauer dieser Erlebnisse und damit auch ihre Auswirkungen abschwächen können.

Wie wir bereits hervorgehoben haben, beruhen sämtliche Formen von Feindseligkeit auf extremer Unlust. Das Verhindern und Abschwächen heftiger Frustrationen ist also der unmittelbare Weg, dem Entstehen oder der Mobilisierung von extremer Feindseligkeit beim Kind vorzubeugen. Um das in die Tat umsetzen zu können, müssen Eltern wissen, wie sich extreme Unlust bei ihrem Kind äußert und sich anfühlt. Grundlegend dafür ist, daß sie sich für die Gefühle ihres Kindes öffnen und ihr Einfühlungsvermögen entwickeln. Als nächstes müssen Eltern erkennen, daß Kinder – und besonders kleine Kinder – sich an ihre Bezugspersonen wenden, um ihren Schmerz abzureagieren. Die Eltern müssen auch auf das kindliche Bedürfnis nach Hilfe emotional eingehen können. Außerdem müssen sie die Quelle des Schmerzes und des Kummers ihres Kindes ausfindig machen und versuchen, sich damit auseinanderzusetzen. Und schließlich müssen sie das Kind während der extremen Unlusterfahrung trösten und ihm helfen, diese zu verarbeiten.

Grundlagen

Von früher Kindheit an ist die Erfahrung von extremer Unlust Vorbedingung für die Entstehung sämtlicher Formen von Feindseligkeit, von den Wutausbrüchen des Neugeborenen bis zu späteren Reaktionen von Ärger, Ablehnung, Wut und Haß. Wie wir bereits ausgeführt haben, besteht der unmittelbare Weg zur Vermeidung von Feindseligkeit beim Kind darin, extreme Unlusterfahrungen zu verhindern und abzuschwächen. Denken Sie bitte daran, daß es uns mehr darum geht, *extreme* Unlust zu verhindern als Unlust überhaupt. Oft fördert Frustration in gemäßigter Form die Anpassung, eine gesunde Entwicklung und das Lernen des Kindes. Je jünger das Kind jedoch ist, desto weniger ist es wahrscheinlich in der Lage, mit unangenehmen Erlebnissen konstruktiv umzugehen.

Wir wollen uns noch einmal ins Gedächtnis rufen, daß Feindseligkeit unter manchen Umständen der Anpassung dient und für den Umgang mit bestimmten Lebenssituationen erforderlich ist. Aus diesem Grunde wollen wir das Vermögen, verärgert, ja wütend zu sein und in bestimmten Phasen auch feindselige und haßerfüllte Gefühle zu haben, nicht abschaffen, ganz abgesehen davon, daß wir das auch nicht könnten.

Selbst bei günstigsten Voraussetzungen ist es unvermeidbar, daß feindselige Gefühle in uns aufkommen. Eine Erziehung, die das Wachstum des Kindes fördert, verlangt zum Beispiel oft, daß wir Grenzen setzen, was beim Kind extreme Unlust hervorruft. Darüber hinaus konfrontiert uns das Leben selbst manchmal mit außerordentlich schmerzlichen Enttäuschungen und sogar Katastrophen.

Das Gefühl von *extremer Feindseligkeit* hat beim Kind verheerende Auswirkungen. Und das wollen wir verhindern. Es ist viel leichter, extremer Feindseligkeit vorzubeugen, als feindselige Gefühle zu mildern, die bereits im Kind ausgelöst wurden. Außerdem ist es weniger aufwendig, extreme Feindseligkeit zu mildern, bevor sie sich in der Psyche festsetzt, als heftige Ablehnung, die sich der Persönlichkeit bereits eingeprägt hat, zu behandeln oder abzuschwächen. Extremen Unlusterfahrungen vorzubeugen und unvermeidbare Frustrationen zu mildern, sind zwei der Hauptaufgaben von Eltern, mit denen sie die Gefahr, daß ein Kind extrem feindselig wird, stark verringern können. Das ist aber kein leichtes Unterfangen. Weil unangenehme Erfahrungen unter günstigen Bedingungen der Anpassung dienen sowie das Bemühen des Kindes, sich selbst und seiner Umgebung gewachsen zu sein, konstruktiv fördern können, müssen Eltern lernen, zwischen wachstumsfördernden Unlusterlebnissen und extremer Frustration zu unterscheiden. Wir müssen also auch den Unterschied zwischen angemessenem Ärger und angemessener Feindseligkeit und extrem feindseligen Gefühlen kennen. Das Vertrauen in die eigenen Gefühle und Einschätzungen ist eine natürliche Vorbedingung für die Elternrolle. Wenn das Kind etwas Schmerzliches erlebt, kann die hilfreiche Unterstützung der Eltern erheblich zur Milderung seines Kummers beitragen. Damit verringert sich auch die Gefahr, daß das Gefühl von Unlust zur typischen Erlebensform des Kindes und Feindseligkeit zu einer automatischen Reaktion und damit zu einem stark ausgeprägten Charakterzug wird.

Erkennen Sie, wie sich extreme Unlusterfahrungen bei Ihrem Kind äußern

Um extreme Unlust zu vermeiden oder abzuschwächen, müssen Eltern ein Gefühl dafür entwickeln, wie ihr Kind sich in entsprechenden Situationen verhält. So wie jedes Kind seine ganz eigene Art hat, extreme Unlust zum Ausdruck zu bringen, so hat auch jedes Kind seine eigene Toleranzschwelle für das Erleben von Schmerz. Kinder sind in bezug auf diese Schwelle von Geburt an völlig unterschiedlich. Außerdem wird sich diese Schwelle, an der das Kind Schmerz als Überforderung erfährt, bei jedem Kind von Tag zu Tag und selbst im

Laufe eines einzigen Tages immer wieder verschieben. Aus Gründen, die uns nicht immer einsichtig sind, regen wir uns an manchen Tagen leichter auf als an anderen. Viele Faktoren tragen zu unserer Frustrationstoleranz bei. Aufgrund dieser Schwankungen ist es wichtig, daß Eltern erkennen, wann das Kind extreme Unlust äußert.

Dazu ist es wichtig, daß Eltern sich dafür öffnen, zu fühlen, was ihr Kind empfindet. Wir sprechen hier von Einfühlung. Alle Eltern sind fähig, sich einzufühlen, und bei den meisten Eltern ist diese Fähigkeit ganz wunderbar entwickelt. Sie gehört zu den wichtigsten Eigenschaften, die Eltern mitbringen müssen, um das Wachstum ihres Kindes zu fördern. Fragen Sie sich selbst: »Was empfindet mein Kind in diesem Augenblick?« Es gibt viele Situationen, in denen Eltern sich diese Frage stellen müssen, aber manchmal sind sie vielleicht mit etwas anderem beschäftigt, aufgebracht und verärgert über das Kind oder wollen es gar nicht fragen, wie es ihm geht. Trotzdem ist diese Frage wesentlich, um zu erkennen, wann ein Kind extreme Unlust erlebt. Wir können nicht genug betonen, daß das Einfühlungsvermögen – die Fähigkeit, zu spüren, was ein anderer Mensch fühlt und erlebt und sich darauf einzustellen – ganz entscheidend für ein Elternverhalten ist, das das Kind in seiner Entwicklung fördert.

Kinder drücken schon von frühester Zeit an durch ihre Körperhaltung, ihren Gesichtsausdruck und durch ihre Stimme ihre Gefühle aus, am deutlichsten durch den Gesichtsausdruck.

Beginnen Sie also nun, sich zu fragen: »Was empfindet und erlebt mein Kind in diesem Augenblick?« Es gibt zwei grundsätzliche Möglichkeiten, sich diese Frage zu beantworten. Lauschen Sie zunächst danach, welche Töne das Kind von sich gibt. Selbst das Neugeborene äußert deutlich erkennbare emotionale Laute. Schauen Sie sich dann den Gesichtsausdruck und die Körperhaltung Ihres Kindes an. Versuchen Sie zu erraten, welche Gefühle die Äußerungen, der Gesichtsausdruck und die Gesten des Kindes ausdrücken. Wenn Sie selbst solche Laute von sich gäben, so aussähen und sich bewegten, was würden Sie dann empfinden? Genau das fühlt wahrscheinlich auch Ihr Kind.

Wenn Sie immer noch unsicher sind, sollten Sie den Prozeß von der anderen Seite angehen. Wie würden Sie – mit Tönen, Gesichtsausdruck und Körperhaltung – reagieren, wenn Sie ängstlich, verletzt, traurig oder aufgebracht wären?

Eltern lernen ihr Baby kennen, indem sie, ohne darüber nachzudenken, sich selbst fühlen lassen, was das Kind ihnen vermittelt. Wenn eine Mutter zum Beispiel ihr Kleinkind füttert und spürt, wie es aufhört, sanft und rhythmisch zu saugen und zu schlucken, und sich statt dessen in ihren Armen versteift und windet, wird sie schnell auf ihr Baby aufmerksam. Ohne sich das bewußtzumachen, wird sie etwas unternehmen. Vielleicht wird sie mit dem Füttern aufhören, mit dem Baby plaudern, es hochheben und über ihre Schulter legen, ihm den Rücken klopfen, damit es aufstößt usw. Viele dieser Gesten laufen unbewußt auf der Grundlage eines weitgeöffneten Kanals für die emotionale Kommunikation mit dem Kind ab.

Daß wir diesen Kanal offenhalten müssen, um zu fühlen, was unser Kind erlebt, gilt nicht nur für Babys. Eltern können auch die Gefühle von Schulkindern und Jugendlichen miterleben, wenn diese sich nicht weigern, sich mit ihren eigenen Empfindungen auseinanderzusetzen.

Eines der Hauptshindernisse für dieses Einfühlungsvermögen besteht darin, daß viele Eltern fälschlicherweise annehmen, kleine Kinder würden keinen Kummer und keinen Schmerz empfinden oder sie würden sich an diese Gefühle nicht in der Form erinnern, daß sie das Kind emotional beeinträchtigen. Eine gesunde Entwicklung beginnt in der frühesten Kindheit, ja in Wirklichkeit sogar noch früher. Wir werden auf diesen Seiten immer wieder darauf hinweisen, daß wir Eltern nicht verunsichern wollen. Fehler im Verhalten der Eltern können oft wiedergutgemacht werden. Die meisten Traumen können abgeschwächt und aufgelöst werden. Unser Ziel besteht darin, Eltern in ihrer Rolle zu fördern, indem wir sie informieren und in der großen Fürsorge und Hingabe unterstützen, mit der sie ihre Aufgabe erfüllen.

Ein warnender Hinweis: Wir empfehlen Eltern nicht, daß sie versuchen, ihren Kindern jede Art von Schmerz, Unbehagen oder Kummer zu nehmen. In gemäßigten Dosierungen fordern diese Erfahrungen das Kind auf, sich um eine Bewältigung der Situation zu bemühen, eine wachsende, angemessene Schmerz- und Frustrationstoleranz zu entwickeln sowie immer besser zu lernen, mit den verschiedensten Ereignissen umzugehen. Eltern müssen, wenn möglich, da eingreifen, wo das Kind vermittelt, daß es sich durch seine Gefühle überfordert fühlt. Und auch hier sollten die Eltern ihre intuitiven Reaktionen – ihre instinktiven Gefühle – berücksichtigen und darauf vertrauen.

Kinder wenden sich an ihre Bezugspersonen, um ihren Schmerz loszuwerden

Von den frühesten Lebensmonaten an wenden Kinder sich an ihre primären Bezugspersonen, um ihren Schmerz loszuwerden. Jüngste Untersuchungen haben gezeigt, daß Säuglinge die Stimme ihrer Mutter, ihren Geruch, ihren Körper, das Gefühl, von ihr gehalten zu werden, und die Art und Weise, wie Mutter und Vater sie berühren, erkennen. Bereits von frühester Zeit an nehmen sie nicht nur wahr, wie sie versorgt werden, sondern sie reagieren auch darauf, ganz unabhängig davon, ob ihre Erfahrungen gut oder schlecht sind.

Wir gehen davon aus, daß Kleinkinder auf die Gefühle reagieren, die ihre Bezugspersonen ihnen entgegenbringen. Sie spüren, wenn man sie tröstet, zärtlich, grob oder gleichgültig mit ihnen umgeht. Die Kinder wissen, ob sie von den ein oder zwei Menschen gehalten werden, die sie »lieben«, oder von anderen. Wir alle spüren es von den ersten Lebenstagen an, wenn jemand bei uns ist, der uns mag und uns herzliche und liebevolle Gefühle entgegenbringt. Wir spüren auch, wenn der Mensch, der uns betreut, sich uns gegenüber gleichgültig verhält und unsere Wünsche, Botschaften oder Gefühle nicht entschlüsseln kann. Diese Wahrnehmung hat großen Einfluß darauf, an welche Person das Kind sich wendet, um seinen Schmerz loszuwerden. Das Kind sucht Trost bei den Menschen, zu denen es die intensivste emotionale Bindung hat. Das hat einige Vorteile, zum Beispiel den, daß Bindungen und die Sozialisation innerhalb der Familie gefestigt werden.

Seien Sie emotional offen für das Bedürfnis des Kindes nach Hilfe, und gehen Sie darauf ein

Wenn Sie spüren, daß das Kind sich an Sie wendet (selbst wenn sein Hilferuf nicht offensichtlich ist oder nicht direkt ausgesprochen wird), müssen Sie emotional ansprechbar sein. Das bedeutet nicht nur, daß die Eltern präsent sein müssen, sondern auch, daß sie auf das kindliche Bedürfnis nach Hilfe eingehen. Selbst wenn die Eltern mit etwas anderem beschäftigt sind, sollten sie bereit und in der Lage sein, ihre Aktivitäten ruhen zu lassen und sich auf das kindliche Bedürfnis nach Hilfe einzustellen. Eltern haben natürlich sehr viele Verpflichtungen und immer viel zu tun. Es gibt Zeiten, in denen es ihnen nicht möglich ist, auf den Hilferuf des Kindes einzugehen. So kann die Mutter zum Beispiel gerade kochen, einen Gedanken aufschreiben, den sie sofort zu Papier bringen muß, oder einer anderen Tätigkeit nachgehen, die sie im Augenblick nicht unterbrechen kann. In solchen Situationen kann ein Wort dem Kind vermitteln, daß es gehört und verstanden wird, aber noch einen Augenblick warten muß. Das gibt ihm das Gefühl, daß sein Schmerz seiner Bezugsperson nicht gleichgültig ist. Selbst kleine Kinder können gebeten werden, eine zumutbare Zeit zu warten, und die Stimme, ein Blick oder andere Reaktionen der Mutter oder einer anderen Bezugsperson können sie trösten. Wenn es der Mutter möglich ist, kann sie sofort auf das Kind eingehen. Es ist jedoch nicht nötig, daß Eltern, immer wenn ihr Kind sich beklagt, alarmiert reagieren und alles stehen und liegen lassen, um sich ihm zuzuwenden. Ihr Urteilsvermögen und ihr gesunder Menschenverstand sagen ihnen, wie schnell sie dem kindlichen Hilferuf nachkommen müssen.

Versuchen Sie den Grund für die extreme Unlust des Kindes herauszufinden

Als nächstes müssen Sie die Quelle für den Schmerz und den Kummer Ihres Kindes ausfindig machen und versuchen, sich damit auseinanderzusetzen. Das muß man Eltern wohl kaum sagen, denn die Frage »Was stimmt nicht mit meinem Kind?« stellt sich ihnen automatisch. Wie alle Eltern wissen, ist es manchmal leicht, sie zu beantworten, und zu anderen Zeiten schwierig, wenn nicht unmöglich. Vor allem, wenn sie keine Antwort finden und vergeblich alles mögliche versucht haben, um ihr schreiendes Kleinkind zu beruhigen, können

Eltern zu der falschen Theorie Zuflucht nehmen, das Kind schreie, um »seine Lungen zu kräftigen«.

Wo es möglich ist, wird die Ursache für den Schmerz des Kindes, nachdem sie festgestellt wurde, natürlich beseitigt. Es gibt aber auch viele Situationen, in denen es nicht möglich ist, den Grund für die Unlust des Kindes ganz abzustellen. Nehmen wir zum Beispiel das kleine Kind, das fiebert und in seinem Ohr herumstochert, um zu zeigen, daß es Ohrenschmerzen hat. In solch einer Situation spüren Kinder jeglichen Alters, daß die Eltern versuchen, die Quelle für den Schmerz herauszufinden und zu beseitigen. Selbst wenn es ihnen nicht gelingt, den Schmerz zum Stillstand zu bringen, ist ihr Bemühen für das Kind tröstlich. Alle Eltern (außer wenn sie aufgebracht sind) machen die Erfahrung, daß ihr Kind sich geschätzt fühlt, wenn sie sich bemühen, ihm zu helfen, selbst dann, wenn sie seinen Schmerz nicht abstellen können.

Die meisten Eltern trösten ihr Kind automatisch, auch wenn sie noch gar nicht wissen, was ihm überhaupt Schmerz bereitet. Dieses Verhalten ist äußerst wichtig, denn es vermittelt dem Kind das Gefühl, daß es geschätzt wird und von seiner Umgebung Hilfe bekommt (auch wenn diese Hilfe nicht immer volle Wirkung zeigt). Es verstärkt die positive Bindung zu den Eltern und das Vertrauen in sie. Wenn Kinder getröstet werden möchten, sollten wir darauf auch eingehen. *Kinder suchen keinen Trost, wenn sie ihn nicht wirklich brauchen.*

Die Eltern haben in solchen Situationen Gelegenheit, ihrem Kind beim »Durcharbeiten« zu helfen, wie die klinische Psychologie es nennt. Mit »Durcharbeiten« bezeichnen wir den Prozeß, in dem wir uns mit einem unangenehmen Ereignis – sei es ein Trauma oder ein emotionaler Konflikt – schrittweise auseinandersetzen, und zwar so, daß das Trauma verstanden und seine Auswirkungen verringert werden oder wir den Konflikt lösen, so daß die Erfahrung nicht länger extrem schmerzlich für uns ist. Wir sprechen in diesem Fall davon, daß wir eine Erfahrung meistern, der wir uns zuvor hilflos ausgeliefert fühlten. Wir können dabei so vorgehen, daß wir sofort nach Ablauf des Geschehens darüber sprechen und das Thema später noch einmal aufgreifen. Falls möglich, können wir dem Kind auch helfen, indem wir über potentiell schmerzliche Ereignisse im voraus mit ihm sprechen. Ist die Situation dann vorbei, sollten wir dem Kind Gelegenheit geben, sich mitzuteilen, vor allem dann, wenn sein Erlebnis besonders schmerzlich war. Es hilft, darüber zu reden, wie das alles kam und wie das Kind oder der Jugendliche sich gefühlt hat. Wo es angemessen ist, können wir mit dem Kind oder dem Jugendlichen auch besprechen, wie sie sich in Zukunft vor ähnlichen Erlebnissen schützen können. Wir sollten die Betroffenen auch wissen lassen, daß es hilft, über solche Erfahrungen zu reden.

Hier ist ein Beispiel für das Durcharbeiten eines unangenehmen Erlebnisses:

Auf dem Heimweg von einem Besuch bei Nachbarn, die ebenfalls ein zweijähriges Kind haben, sagt die Mutter zu dem zweijährigen Timmy, der etwas aufgebracht zu sein scheint:»Es war hart für dich, daß Johnny dich nicht mit seinem neuen Lastwagen spielen lassen wollte. Aber weißt du, er hat ihn gerade von seinem Vati geschenkt bekommen. Vielleicht kannst du ihn nächstes Mal fragen, ob er dich damit spielen läßt.« Wenn Timmy daraufhin sagt, daß Johnny böse ist, hört seine Mutter dieser Klage anteilnehmend zu. Dann versucht sie erneut zu erklären, daß Johnny diesmal einfach noch nicht bereit war, Timmy mit seinem Laster spielen zu lassen. Sie beschwichtigt seine verletzten Gefühle, indem sie ihm Gelegenheit gibt, sie auszudrücken, indem sie Anteilnahme zeigt sowie vernünftig und wahrheitsgemäß erklärt, warum sie glaubt, daß Johnny ihn nicht mit seinem neuen Lastwagen hat spielen lassen.

Es gibt natürlich weitaus ernstere Themen als dieses, die davon profitieren, daß wir mit den Kindern darüber sprechen und sie mit ihnen verarbeiten, zum Beispiel die Frage, warum die Mutter Timmy allein lassen und arbeiten gehen muß oder warum sie mehrere Tage ins Krankenhaus muß und anderes mehr.

Wenn wir Kindern erlauben, ihre Gefühle auszudrücken und sich sogar zu beklagen – was sich, wenn nicht übertrieben wird, meistens positiv auswirkt –, kann es sein, daß sie das Thema selbst zur Sprache bringen, um es zu verarbeiten und die schmerzliche Erfahrung zu bewältigen. Gewöhnlich sprechen Kinder ein für sie schmerzliches Ereignis an, weil sie es noch nicht bewältigt haben und weitere Unterstützung brauchen, um damit zurechtzukommen. Deswegen ist es meistens nützlich, wenn wir dem Kind erlauben, über ein Erlebnis zu sprechen, das ihm weh getan hat. Wir können dem Kind damit helfen, das Gefühl zu gewinnen, in Zukunft besser mit solchen Ereignissen umgehen zu können. Wenn wir mit unserem Kind über schmerzliche Erfahrungen sprechen, helfen wir ihm, den Schmerz abzubauen und das Gefühl zu bekommen, daß es unangenehme und schwierige Ereignisse bewältigen kann. Wir müssen betonen, daß unverarbeitete Reaktionen auf schmerzliche Erfahrungen in der Psyche des Kindes gespeichert werden und seine emotionale Entwicklung beeinflussen.

Wir möchten nachdrücklich darauf hinweisen, daß Eltern, die versuchen, ihr Kind – wo angemessen und durchführbar – vor extremen Unlusterfahrungen zu bewahren, dessen Wohlergehen in hohem Maße schützen. Gleichzeitig möchten wir noch einmal wiederholen, daß Eltern Unlusterfahrungen, die für die Entwicklung des Kindes günstig sind, nicht immer verhindern können und auch nicht sollten; denn diese Erfahrungen fördern die Anpassungsfähigkeit und das Lernen.

Um zu zeigen, wie früh im Leben eines Kindes diese Themen auftauchen, wenden wir uns der viereinhalb Monate alten Jane zu, die nach einem Klotz greift, der außerhalb ihrer Reichweite liegt. Sie streckt die Arme aus, bemüht sich, hört auf, starrt den Klotz an, strengt sich noch einmal an und gibt Unmutslaute von sich, ohne den Klotz zu fassen zu bekommen. Sie hört auf. Sie starrt den Klotz erneut an und stößt, von einem inneren Drang getrieben, mit dem ganzen Körper vor, bringt den ganzen Arm nach unten, reicht an den Klotz, ergreift ihn und steckt ihn in den Mund, um ihn zu untersuchen. Sie war frustriert, weil sie ihn nicht zu fassen bekam. Das erzeugte eine mäßige Unlust, die sie zu der Anstrengung trieb, die wir beobachteten – und mit deren Hilfe ihr Vorhaben gelang.

Stellen Sie sich einen Zehnjährigen vor, der versucht, einen Ball zu fangen, indem er ihn immer wieder in die Luft wirft. Oder eine 14jährige, die sich abmüht, eine Algebra-Aufgabe zu lösen. Sie arbeitet nicht nur daran, weil man es von ihr erwartet, sondern auch, weil sie ein Gefühl von Unzulänglichkeit (Unlust) hat, wenn sie etwas nicht kann und sich damit nicht zufrieden geben will!

Eine optimale emotionale Entwicklung erfordert sowohl angemessene Erfolgserlebnisse als auch Frustrationen. Eltern müssen ihre Kinder nicht frustrieren, um sie abzuhärten. Das Leben selbst birgt für uns alle genug Enttäuschungen. Außerdem spüren Kinder genau, wenn man sie absichtlich frustriert. Solche Strategien untergraben ihr Vertrauen in die Eltern als Menschen, an die sie sich wenden können. Und darüber hinaus wird das Kind durch solche Maßnahmen unnötig wütend auf die Eltern. Wir ermutigen Eltern jedoch nicht, ihr Kind vor angemessenen Frustrationen zu schützen. Es ist nicht wünschenswert, daß wir unsere Kinder vor allen Verletzungen, Frustrationen und Enttäuschungen bewahren. Diese übertriebene Vorsicht hilft ihnen im allgemeinen nicht weiter.

Wir alle wissen, daß es nicht immer möglich ist, extrem unangenehmen Erfahrungen aus dem Weg zu gehen. Wichtig dabei ist, daß die Versuche der Eltern, dem Kind solche Situationen zu erleichtern, niemals verlorene Mühe sind. Unlusterfahrungen bewirken unweigerlich, daß das Kind das Bedürfnis hat, beruhigt zu werden und zu spüren, daß die Eltern es lieben, Anteil nehmen und sich um es sorgen. Das gilt selbst dann, wenn das Verhalten der Eltern (aus kindlicher Sicht) die Quelle für die extreme Unlust ist. Wir haben erkannt, daß das Wachstum des Kindes enorm gefördert wird, wenn wir bei extremen Unlusterfahrungen sein Bedürfnis nach Trost anerkennen. Alle Eltern machen die Erfahrung, daß ein Kind, das eine kleine Verletzung erlitten hat, zu ihnen kommt, damit sie ihm helfen. Ein Kuß auf den verletzten Körperteil, sei es ein Finger, eine Hand oder eine Nase, kann alles sein, was erforderlich ist, um den Kummer und Schmerz des Kindes zum Verschwinden zu bringen. Wir alle wissen, daß Anteilnahme und zärtliche Fürsorge von Vater oder Mutter seit Urzeiten wunderbare schmerzstillende und heilende Kräfte sind.

Je weniger extrem die unangenehme Erfahrung Ihres Kindes ist, desto leichter läßt sie sich abschwächen, verkürzen, auflösen und verarbeiten, und desto weniger Feindseligkeit wird in Ihrem Kind ausgelöst und in Gang gesetzt.

4 Das kindliche Bedürfnis nach Autonomie erkennen und in angemessener Form zulassen

Vor vielen Jahren hatten wir Gelegenheit, bei einem Hausbesuch folgende Situation zu beobachten:

Ein knapp zwei Jahre alter Junge wurde von seiner Mutter ständig dafür gerügt, daß er Dinge berührte – Aschenbecher, Bilderrahmen, Nippes, das Radio und den Fernseher –, an die er im Wohnzimmer und in der Küche leicht herankommen konnte. Die Mutter war äußerst frustriert durch das ständige Bedürfnis ihres Kindes, diese Dinge anzufassen. Sie schimpfte den Jungen häufig aus und war ständig hinter ihm her, um ihm diese Sachen aus der Hand zu nehmen. Allmählich wuchs auch die Frustration des Kindes. Es ärgerte sich, wurde trotzig, und zwischen den beiden entwickelte sich ein quälender Machtkampf.

Alle Eltern von Kindern in diesem Alter machen mehr oder weniger ähnliche Erfahrungen.
Eltern müssen wissen, daß die Entwicklung des kindlichen Selbstgefühls von starken inneren Kräften angetrieben wird. Auch wenn das Kind im Verlauf seines Heranwachsens angeleitet werden muß, wird die extreme Frustration seines Strebens nach Selbständigkeit oft zur Quelle einer starken Feindseligkeit im Kind. Eltern müssen verinnerlichen, daß der innere Drang, individuell und autonom zu handeln, angeboren ist. Tatsächlich treibt er das Kind zu Handlungen, die ihm manchmal selbst widerstreben und es schockieren. Trotzdem müssen diese inneren Antriebe des Kindes geschützt und von diesem im wachsenden Maße organisiert werden. Die notwendige Anleitung und der entsprechende Schutz können so aussehen, daß das Kind in seiner Fähigkeit, sich konstruktiv zu behaupten, gefördert und gleichzeitig

vor der Entstehung beziehungsweise Erzeugung und Mobilisierung übertriebener Feindseligkeit bewahrt wird. Das ist nur möglich, wenn wir das Bedürfnis unseres Kindes nach einer seinem Alter entsprechenden Autonomie verstehen und respektieren sowie ihm Gelegenheit geben, die Welt zu erforschen, während wir ihm gleichzeitig vernünftige Grenzen setzen und ihm helfen, seine inneren Antriebe zu beherrschen.

Wenn wir unsere Wohnung kindersicher einrichten, beugen wir extremen Frustrationen des kindlichen Forschungsdranges sowie unnötigen Verboten vor und ersparen uns damit auch Konflikte, die zu Schmerz und übermäßiger Feindseligkeit führen können. Eltern sollten ihrem Kind bei seinen Erkundungen durchaus Hilfestellung geben, wenn es diese braucht und darum bittet. Es ist aber ebenso wichtig, daß Eltern dem Kind erlauben, selbständig zu lernen und zu forschen, vor allem dann, wenn das Kind darauf besteht. Kinder brauchen ihrem Alter entsprechende Gelegenheiten, Dinge allein zu tun, damit sie zu unabhängigen und selbständigen Menschen heranwachsen. Und schließlich ist es von Nutzen, wenn Eltern sichere und vernünftige Möglichkeiten finden, ihr Kind bei seinen Forschungen und seinen Versuchen zu fördern, die Welt zu erfahren und sich in ihr zu behaupten.

Grundlagen

Untersuchungen zeigen, daß Kleinkinder von den ersten Tagen und Wochen ihres Lebens an während bestimmter Wachphasen damit beschäftigt sind, ihre Umgebung zu erforschen. Zunächst geschieht dies visuell, indem sie sich selbst interessiert betrachten. Haben sie dann die entsprechenden Fähigkeiten entwickelt, beginnen sie sich selbst und ihre Umgebung physisch zu erforschen. Wir sehen diesen Drang zur Aktivität als Bemühen, den eigenen Körper und die Umgebung, in die das Kind hineingeboren wurde, zu beherrschen.

Wie jede Mutter eines durchschnittlich entwickelten ein- bis zweijährigen Kindes weiß, gibt es viele Situationen, in denen sie zum Schutze des Kindes eingreifen muß, weil es mit seinen Erkundungen sich selbst, der Mutter oder auch wertvollen Gegenständen Schaden zufügen kann. Dieses elterliche Einschreiten ist für das Wohlergehen, den Schutz und die Sozialisation des Kindes notwendig.

Eltern stellen fest, daß ihr Eingreifen in den kindlichen Forschungsdrang von der Mitte des ersten Lebensjahres an oft eine frustrierte und/oder verärgerte Reaktion beim Kind hervorruft. Wenn diese Eingriffe häufig erfolgen, werden die Frustration und der Ärger heftiger. Unterbinden Eltern den Forschungsdrang und das Streben nach Autonomie während der ersten Lebensjahre zu oft, erlebt das Kind diese Eingriffe als extrem unangenehm, was bei ihm Ärger und Feindseligkeit gegenüber den Menschen auslöst, die es frustrieren. Es ist also auch wichtig zu wissen, daß eine übermäßige Frustration bezüglich des Strebens nach Autonomie – vor allem in Form des kindlichen Erforschens und Aneignens der eigenen Person und der Umgebung – während der ersten Lebensjahre den Drang zu lernen sowie die Entwicklung der Lernfähigkeit und der Intelligenz stören kann. Deswegen ist es gut, wenn Eltern für eine Umgebung sorgen, in der das Kind seinen autonomen Aktivitäten in ausreichendem und angemessenem Maße nachgehen kann.

Was motiviert diese Art von Verhalten?

Hinter der Form von Aktivität, wie sie der zu Beginn dieses Kapitels erwähnte, knapp zweijährige Junge zeigte, stehen zahlreiche verschiedene Faktoren, die im Kleinkind operieren. Es gibt unterschiedliche Betrachtungsweisen und Erklärungen für diese Dynamik. Unsere erläutern wir im folgenden.

Etwa von der Mitte des ersten Lebensjahres an zeigt sich bei jedem normal entwickelten Kind folgendes: ein bemerkenswertes Anwachsen des Fortbewegungsdranges (Krabbeln und Laufen), ein sichtbar zunehmendes neugieriges Interesse für die unmittelbare Umgebung, einhergehend mit dem Bedürfnis, diese Umgebung zu erforschen, und ein spürbarer innerer Drang, sich in dieser Umgebung zu bewegen. Unserer Meinung nach erfolgt hier ein Wachstumssprung beim Kind, der auch eine steigende Aggression beinhaltet, die den Aktivitäten, die gerade beschrieben wurden, ihre typische Prägung verleiht. Diese Aggression ist nicht destruktiv und spielt eine entscheidende Rolle für die Entwicklung der Selbstbeherrschung und der Bewältigung der Umgebung. Sie treibt das Kind in seinem Bestreben an, ein selbständiges Individuum zu werden. Außerdem ist sie ausschlaggebend dafür, daß das Kind sich und seine Umgebung erfährt, bestimmte Fähigkeiten erwirbt und sich anzupassen lernt. Wir möchten betonen, daß die Motivation für diese Aktivitäten und Autonomiebestrebungen im Kind erwächst. Dieser innere Antrieb nach Autonomie ist biologisch und psychologisch begründet. Das Kind ist ebenso Opfer dieses inneren Drangs wie die Dinge, die es erforscht und dabei möglicherweise beschädigt.

Im obenerwähnten Beispiel war Frau Jones, wie viele andere Mütter und Väter auch, sich nicht darüber im klaren, daß ihr Kleinkind von inneren Kräften getrieben wurde, über die es gerade erst Kontrolle zu entwickeln begann. Kinder in diesem Alter erwecken manchmal den Eindruck, als habe jemand sie mit Knopfdruck angeschaltet. Sie werden gedrängt von der freigesetzten Energie und haben – wenn überhaupt – wenig Möglichkeiten, die Kräfte, die sie zur Aktivität treiben, aufzuhalten. Eltern glauben häufig, daß diese innere Getriebenheit ihres Kindes etwas Absichtliches ist, über das das Kind Kontrolle hat. Sie erleben ihr Kind als willentlich und vorsätzlich provokativ. Natürlich sind die Aktivitäten jedes Kindes ab einem gewissen Punkt seines Entwicklungsverlaufs willkürlich, und viele Kinder werden eigensinnig und widerborstig. Eltern müssen jedoch wissen, daß eine motivierende Kraft im Spiel ist, über die das Kind in der ersten Hälfte seines zweiten Lebensjahres nur wenig Kontrolle hat. Das Kind braucht also die Hilfe der Eltern, um diese Kontrolle zu entwickeln. Wir haben beobachtet, daß Kinder gelegentlich selbst bestürzt sind über das, was sie tun, so zum Beispiel, wenn sie innerlich getrieben werden, nach bestimmten Gegenständen zu greifen. Ein 14 Monate alter Junge, der nach einer Lampe griff, die ihn faszinierte, stieß sie beispielsweise um, als er sie erforschte. Sein Interesse und seine Neugierde verwandelten sich in Überraschung und Angst, als die Lampe mit Getöse umfiel. Obwohl die Lampe nicht beschädigt wurde, reagierte das Kind mit Unbehagen und begann zu weinen. Stellen Sie sich auch die Anderthalbjährige vor, die

Mutters Kaffeetasse zu fassen bekommt und einen Schluck nimmt, bevor die Mutter dies verhindern kann. Selbstverständlich bekommt das Kind bei der Berührung mit dem heißen Kaffee einen Schock. Ebenso natürlich ist, daß Kinder oft mit Angst reagieren, wenn sie unerwartet etwas beschädigen. Auch wenn diese Angst manchmal der drohenden Strafe der Eltern gilt, beruht sie doch vor allem auf dem Gefühl des Kindes, die Kontrolle zu verlieren. Damit geht die schreckliche Furcht einher, gewalttätig zu werden und sich und anderen Schaden zuzufügen.

Was können Eltern tun?

Wie wir Eltern bereits nahegelegt haben, ist es zunächst einmal wichtig, zu wissen, daß die innere Getriebenheit, von der wir gerade gesprochen haben, sich etwa in der Mitte des ersten Lebensjahres manifestiert. Anfangs sind Kinder tatsächlich nicht in der Lage, diesen inneren Antrieb zu kontrollieren. Sie brauchen die angemessene Hilfe ihrer Eltern, um allmählich zu lernen, diesen Drang unter Kontrolle zu bekommen.

Der zweite Punkt ist allen Eltern gut bekannt und seit Jahrzehnten im Gespräch. Benjamin Spock und viele andere Kinderärzte haben Eltern zu Recht geraten, ihre Wohnung kindersicher einzurichten. Es ist durchaus möglich, zerbrechliche, wertvolle und gefährliche Gegenstände außerhalb der Reichweite von Kindern aufzubewahren, ohne daß die gemeinsamen Räume karg und unattraktiv wirken. Das erleichtert der Mutter die Beaufsichtigung des Kindes und schützt dessen Wohlbefinden. Eine solche Umgebung legt der Neugierde des Kindes nicht so viele Hindernisse in den Weg, so daß es seine Fähigkeiten als Forscher und Schüler der Welt, in der es lebt, ausprobieren und die Fertigkeiten entwickeln kann, die dieses Interesse und die entsprechenden Erkundungen mit sich bringen. Es wird dann nicht so häufig frustriert oder extreme Unlusterfahrungen mit einer Mutter machen, die sowohl ihre Wertgegenstände als auch ihr Kleinkind, das ihr lieb und teuer ist, schützen möchte. Damit wird die unnötige Entstehung und Mobilisierung von Feindseligkeit verhindert, und

Mutter und Kind wird das Leben erleichtert. Kindgerechtes Wohnen, das auf die sich entwickelnde Fähigkeit des Kindes zugeschnitten ist, einzuschätzen, was potentiell gefährlich ist und was nicht, und ihm hilft, seinen Körper und seine inneren Antriebe unter Kontrolle zu bekommen, verhindert Krisen, die Schmerz und erhöhte Feindseligkeit auslösen.

Wie jedoch alle Eltern wissen, kann auch die kindersicherste Wohnung unangenehme Erfahrungen nicht verhindern. Die Notwendigkeit, das Kind in seinen Aktivitäten einzuschränken, ihm Wünsche abzuschlagen und nein zu sagen, wird unweigerlich alltägliche Krisen nach sich ziehen. Alle Eltern erleben Machtkämpfe mit ihren Kleinkindern. Wir werden über den Umgang mit solchen Ereignissen und Krisen im Kapitel 6 berichten, nachdem wir zuvor erörtert haben, wie Eltern konstruktiv Grenzen setzen können.

Es gibt noch eine dritte wichtige Überlegung für Eltern und Kind, die wir hier anfügen möchten. Sehr viele Aktivitäten, die der Erforschung und Beherrschung von Dingen und Situationen gelten, sowie schulisches Lernen und der Erwerb sportlicher oder künstlerischer Fähigkeiten dienen dem Streben nach Autonomie, Individualität und Selbstentfaltung. Manchmal lassen sich diese Bestrebungen am besten umsetzen, wenn das Kind Dinge selbständig macht. Dann wieder braucht es Hilfe, wobei seine ersten Lehrer natürlich die Eltern sind. Es ist außerordentlich hilfreich (sowohl für das Kind als auch für die Eltern), wenn die Eltern erkennen können, ob das Kind Dinge »allein machen« will oder Hilfe möchte. Wenn das Kind die Gelegenheit erhält, wird es meistens deutlich mitteilen, ob es Hilfe will oder nicht.

Wie bei allen elterlichen Aktivitäten sollten die Eltern auch hier ihr Verhalten darauf abstimmen, was der Situation *angemessen* ist. Wenn das Vorhaben des Kindes gefährlich ist – wenn eine Zweijährige zum Beispiel auf einen Stuhl klettern will, um Mutter oder Vater beim Kochen zu helfen –, muß es verboten werden. Will eine Neunjährige mit dem Vater zusammen den tropfenden Wasserhahn reparieren, dauert das Unternehmen vielleicht etwas länger, es kann aber auf das Kompetenzgefühl des Kindes, seine individuellen Fähigkeiten und seine Beziehung zum Vater sehr positive Auswirkungen haben. Ist die Zeit knapp, sollte der Vater das dem Kind mitteilen und ihm zu einem anderen Zeitpunkt Gelegenheit geben, mit seiner Hilfe etwas zu lernen, was es noch nicht allein kann.

Besonders wichtig für die Förderung der Autonomiebestrebungen des Kindes ist es, es Dinge allein machen zu lassen. Kinder brauchen altersgemäße Gelegenheiten, sich selbständig und autonom zu bewegen. Anfangs erledigen die Eltern praktisch alles für das Kind: Sie treffen Entscheidungen, füttern es, wenn es Hunger hat, und bringen es zu Bett, wenn es müde ist. Das entwickelt sich allmählich dahin, daß das Kind die Eltern wissen läßt, was es gerne ißt, und noch später, was es gerne anziehen möchte. Wo angemessen, sollte dem Kind erlaubt werden, eigene Entscheidungen zu treffen. Die Eltern kleiner Kinder wollen manchmal helfen, wenn das Kind keine Unterstützung will oder die dargebotene Hand als Einmischung empfindet. Damit wird das Kind in seinen Autonomiebestrebungen frustriert, was bei ihm Unlust und Ärger auslöst, sehr zum Mißfallen der Eltern, die doch wirklich nur helfen wollten. Hilfe ist etwas Großartiges – wenn die Person, der sie angeboten wird, das Gefühl hat, sie auch zu brauchen. Andernfalls empfindet das Kind sie als Eingriff in die eigenen Bemühungen, zu lernen und zu wachsen. Dann kann die dargebotene Hilfe Feindseligkeit auslösen.

Natürlich ist es hilfreich, wenn Eltern überlegen, wie sie ein Kleinkind altersgemäß darin unterstützen können, seiner lebhaften Neugier auf die Welt, die es Tag für Tag entdeckt, nachzugehen. Besonders wenn der kindliche Forschungsdrang Schwierigkeiten bereitet, ist es wichtig zu erkennen, daß das kleine Kind (ebenso wie auch der Heranwachsende) äußerst neugierig und interessiert daran ist, ihm noch unbekannte Dinge zu ergründen. Kinder scheinen einen inneren Drang zu verspüren, Neues kennenzulernen und sich anzueignen. Von frühester Kindheit an Wege zu finden, wie das Kind unter Aufsicht sichere und angemessene Forschungsreisen unternehmen kann, ist höchst wünschenswert. Wir glauben, daß die Entwicklung positiver Lerngewohnheiten beim Kleinkind beginnt und sich später auf schulische und berufliche Leistungen entsprechend auswirkt.

Wir wollen im nächsten Kapitel ein wichtiges und zugleich schwieriges Gebiet der Beziehung zwischen Eltern und Kindern erörtern, auf dem unweigerlich Feindseligkeit erzeugt und mobilisiert wird: dem Setzen von Grenzen.

5 Konstruktiv Grenzen setzen

Der 13 Monate alte Louis greift nach dem Stecker der Klimaanlage, der in der Steckdose steckt. Was tut Mutter oder Vater in solch einer Situation? Wir haben zahlreiche verschiedene Reaktionen beobachtet. Eine Mutter verbietet Louis energisch, den Stecker oder die Steckdose anzufassen, steht schnell auf und sagt ihm, daß das gefährliche Dinge seien. Er macht trotzdem weiter, und als die Mutter ihr Verbot verstärkt, wird er wütend. Sie hält freundlich, aber energisch seine Hand fest, während er versucht, sie ihr zu entziehen, um nach dem Stecker zu greifen. Dabei sagt sie ihm mit ernster Stimme, daß er den Stecker oder die Steckdose nicht berühren darf, weil er sich sonst weh tun könnte. Sie erzählt ihm, daß sie ihn liebhat und nicht will, daß er sich verletzt. Er wird noch wütender und beginnt zu weinen. Als er dann die Arme nach ihr ausstreckt, damit sie ihn hochhebt, kommt sie seiner Aufforderung nach. Während sie ihn tröstet, wiederholt sie ihr Verbot und die Erklärung. Sie sagt ihm auch, sie wisse, daß es schwer ist, nicht tun zu dürfen, was man will.

Eine andere Mutter, die dieses Verhalten miterlebt, sagt zuerst gar nichts. Aber als ihr kleines Kind den Stecker beharrlich immer wieder anfaßt, schreit sie durch das Zimmer, er solle besser da verschwinden, sonst würde sie ihm einen Klaps geben. Weil der Junge den aus Entfernung gesprochenen Anweisungen der Mutter nicht nachkommt, geht sie zu ihm hin, reißt ihn verärgert am Arm und ruft laut, er habe wohl vor, sich umzubringen. Jetzt hat das Kind Angst bekommen und streckt seine Arme nach der Mutter aus. Sie beachtet ihn nicht weiter und kehrt zu ihrem Stuhl zurück.

Es ist für Eltern hilfreich, wenn sie wissen, daß Grenzen, die oft erforderlich sind, um das Kind vor Schäden zu bewahren, den Autonomiebestrebungen des Kindes im Wege stehen. Das ruft im Kind Feindseligkeit gegen die Personen hervor, die ihm Grenzen setzen, meistens also die geliebten Eltern. Dadurch entstehen widerstrebende Gefühle im Kind, die zu Problemen bei der Entwicklung seiner Autonomie und eines gesunden Selbstgefühls führen können. Der gleiche Konflikt kann dem Kind jedoch auch dabei helfen, zu lernen, konstruktiv mit seiner eigenen Feindseligkeit umzugehen und ein Gewissen zu entwickeln.

Es ist nützlich für Eltern, zwischen dem Setzen von Grenzen und dem Bestrafen unterscheiden zu können. Grenzen ziehen heißt, daß die Eltern für das Kind handeln, wo dieses noch nicht wissen kann, wie es sich verhalten soll, oder wo es noch nicht imstande ist, der Situation entsprechend zu handeln. Wenn Eltern ihr Kind hingegen bestrafen, nehmen sie ihm Privilegien oder fügen ihm Schmerz zu, um ihre elterlichen Verbote zu verstärken, das Verhalten des Kindes zu mißbilligen oder einen Preis für seinen Ungehorsam zu fordern.

Grenzen müssen immer dann gesetzt werden, wenn sie wirklich nötig sind: um das Kind, andere oder Wertgegenstände zu schützen oder um dem Kind zu helfen, sich sozial angemessen zu verhalten. Die Grenzen müssen dem Alter des Kindes, seinem Gefühlszustand und der Situation entsprechen. Sie sollten klar und verständlich formuliert, altersgerecht erklärt und mit angemessener Strenge ausgesprochen werden. Sie dienen dem Kind als Information und Anleitung. Notwendige Grenzen sollten durchgesetzt und, wo nötig, bekräftigt werden. Aber Eltern müssen auch in der Lage sein, ihr Verbot zu lockern, wenn sie bei näherer Überlegung feststellen, daß es unnötig ist. Bestrafen Sie das Kind nur, wenn es absolut nötig ist und Sie es vorher gewarnt haben. Strafen Sie mit Bedacht und mit Respekt für Ihr Kind. Wenn Ihr Kind aufgebracht ist, weil Sie ihm Grenzen setzen, und von Ihnen getröstet werden möchte, sollten Sie seinem Wunsch nachkommen. Wiederholen Sie dann ihr Verbot, und erklären Sie es.

Grundlagen

Grenzen greifen unweigerlich in das kindliche Bestreben nach Autonomie ein. Der Drang nach Autonomie ist mächtig. Er manifestiert sich mit Nachdruck von der Mitte des ersten Lebensjahres an und beruht auf einem inneren Antrieb. Wenn Eltern versuchen, die von diesem Drang geschürten Aktivitäten des kleinen Kindes zu unterbinden, führt das unweigerlich zu Frustrationen. Wie alle anderen

Formen von Unlust ruft auch Frustration, wenn sie extrem wird, Feindseligkeit beim Kind hervor. Diese feindseligen Gefühle gelten dem Menschen, der Grenzen setzt. Weil dieser Mensch meistens eine Person ist, die für das Kind emotional sehr wichtig ist – Mutter oder Vater –, gelten seine Gefühle einem Menschen, den es liebt. Ruft das Verbot extreme Unlust hervor, empfindet das Kind feindselige Gefühle für die Eltern.

Es ist aber notwendig, daß wir Grenzen setzen, weil das Kind häufig Dinge tut, die ihm selbst, anderen oder Wertgegenständen Schaden zufügen. Grenzen setzen ist auch nötig, wenn ein Kind sich sozial unangemessen verhält. Damit meinen wir beispielsweise Situationen, in denen ein Kind einem anderen gegen dessen Willen Spielsachen wegnimmt. Das heißt nicht, wir sollten kleine Kinder zwingen, »danke« oder »bitte« zu sagen. Das tun sie unserer Meinung nach von selbst, wenn die Eltern mit ihren Kindern, ihren Partnerinnen und Partnern, ihren Freunden, der Verkäuferin im Geschäft usw. höflich umgehen. Grenzen sind ein notwendiges Phänomen, die dem Kind helfen, zu lernen, sich innerhalb der Familie, in der es aufwächst, akzeptabel zu verhalten.

Das Setzen von Grenzen ist für die Eltern ebenso schwer wie für die Kinder. Es ist nicht einfach, wenn Verbote, die zum Wohl des Kindes oder des Teenagers ausgesprochen werden, den Eltern Feindseligkeit statt Anerkennung einbringen. Wenn wir etwas tun, was wir als hilfreich betrachten, und dafür Ablehnung ernten, ist das schmerzlich für uns. Welch ein Dank für den Versuch, dem Kind zu helfen! Nehmen wir das Beispiel der 13jährigen Tochter, die in Schwierigkeiten geriete, wenn ihr erlaubt würde, sich mit einem 18jährigen zu treffen, den sie mag, der aber nicht weiß, daß sie erst 13 ist! Die Mutter verbietet das Treffen. Das Mädchen wird wütend, stampft die Treppe hinauf, schreit, daß sie ihre Mutter hasse, daß diese ihr niemals vertraue usw. Eltern können solche Situationen nicht vermeiden, müssen aber, wenn sie auftreten, mit Bedacht handeln.

Darüber hinaus weckt die Reaktion des Kindes bei den Eltern fast immer eine ärgerliche Gegenreaktion, die es ihnen erschwert, weitere Grenzen zu setzen. Eltern sprechen notwendige Verbote oft deswegen nicht aus, weil sie die feindseligen Gefühle fürchten, sowohl die des Kindes als auch ihre eigenen. Wenn wir Feindseligkeit gegenüber den Kindern empfinden, die wir ja lieben, bekommen wir häufig Schuldgefühle und zweifeln an uns selbst, weil wir unsere Kinder als Eltern verletzen.

Eine weitere, häufig auftretende Folge dieser Situation ist, daß Eltern Verbote mit Strafen verknüpfen und ihr Kind oft bestrafen, bevor es notwendig ist. Und dann kann es noch vorkommen, daß Eltern Grenzen setzen, ohne konsequent darauf zu achten, daß sie auch wirklich eingehalten werden. Das heißt, sie sind im Konflikt, was das Setzen von Grenzen betrifft, sprechen Verbote entsprechend unklar aus und vermitteln dem Kind ihre eigene Unsicherheit.

Das Kind gerät in Schwierigkeiten, weil sein Streben nach Autonomie eingeschränkt wird. Wenn beim Erteilen von Verboten sowohl bei den Eltern als auch beim Kind die Feindseligkeit überwiegt, kann das für die Entwicklung der Autonomie und des Selbstgefühls des Kindes problematisch werden.

Weiterhin bewirken die durch das Setzen von Grenzen im Kind ausgelösten feindseligen Gefühle einen inneren Widerstreit. Ambivalenz ist ein innerer Konflikt, der entsteht, wenn wir für jemanden gleichzeitig (oder schnell wechselnd) Liebe und Haß empfinden. Dieser Konflikt ist übrigens in menschlichen Beziehungen nahezu unvermeidbar. Feindselige Gefühle und sogar Haß auf die Menschen, die sie lieben, empfinden von Zeit zu Zeit sowohl Kinder ihren Eltern als auch Eltern ihren Kindern gegenüber.

Wir möchten darauf hinweisen, daß dieser Konflikt, der das Kind potentiell in innere Schwierigkeiten bringen kann, zugleich das Potential für ein gesundes Wachstum birgt. Positiv ist, daß diese Ambivalenz beim Kind kreative Reaktionen auslöst, denn es lernt dadurch, konstruktiv mit der eigenen Feindseligkeit umzugehen, die Moralvorstellungen und die Forderungen der Eltern zu verinnerlichen, auf Autoritäten und Anweisungen angemessen einzugehen und sich auf gesunde Weise selbst zu behaupten.

Verbote haben also bedeutende Auswirkungen auf Eltern und Kind. Wir wollen jetzt näher erörtern, wie wir konkret Grenzen setzen.

Eingreifende Schritte

Zunächst einmal wollen wir klarstellen, was wir mit Grenzen setzen genau meinen. Da es hier um Erziehung geht, besteht auch ein Zusammenhang mit dem Bestrafen, der der Klärung bedarf. Als *Erziehung* bezeichnen wir das Bemühen der Eltern, dem Kind Verhaltensweisen beizubringen, die für die Eltern und das soziale Umfeld, in dem sie leben, akzeptabel sind. Die Eltern ergreifen meistens dann erzieherische Maßnahmen, wenn das Verhalten des Kindes die elterlichen Wünsche und Vorstellungen durchkreuzt. Letzten Endes kommt Erziehung ins Spiel, um das Verhalten des Kindes in akzeptable Bahnen zu lenken. Alle Eltern hoffen, daß ihre Kinder die elterlichen Erwartungen an das kindliche Verhalten mit der Zeit verinnerlichen.

Grenzen setzen und Strafen erteilen sind Strategien, die Eltern einsetzen, um ihr Kind zu erziehen. *Grenzen setzen* Eltern, wenn sie ein kindliches Verhalten verhindern wollen, das ihrem Empfinden nach Schaden anrichtet – der das Kind, die Eltern, einen anderen Menschen oder Wertgegenstände betreffen kann – oder sozial nicht akzeptabel ist. Damit handeln die Eltern als Erweiterung der kindlichen Anpassungsfunktionen, und zwar zu einer Zeit, in der diese Funktionen beim Kind noch nicht ausreichend entwickelt sind. Mit anderen Worten: Die Eltern tun für das Kind, was es selbst noch nicht für sich tun kann, weil es die Folgen seines Handelns noch nicht ausreichend (oder überhaupt nicht) begreift.

Wenn Eltern ihr Kind bestrafen, zeigen sie ihm nachdrücklich ihre Mißbilligung oder verstärken ihre Forderungen, indem sie dem Kind Privilegien nehmen oder ihm Schmerzen zufügen. Wir gehen davon aus, daß Strafen im besten Falle zum Wohle des Kindes erteilt werden. Wie alle Eltern wissen, reagieren sie beim Bestrafen oft ihre eigene Feindseligkeit auf das Kind ab, und damit ist die Strafe nicht mehr zum Wohle des Kindes. Selbst die besten Eltern werden durch das Verhalten ihrer Kinder manchmal zu Reaktionen getrieben, die sie später bereuen. Aufgrund der großen Schwierigkeiten, die mit dem Heranwachsen verbunden sind, der Forderungen, die die Umgebung an die Kinder stellt, der manchmal extremen Ansprüche, die sie sich selbst auferlegen, und der erheblichen Frustrationen und Schmerzen, denen sie durch soziale Begegnungen ausgesetzt sind, bringen Kinder selbst die besten Eltern manchmal an den Punkt, so zu reagieren, daß sie es später bedauern. Es läßt sich nicht umgehen: Eltern müssen ihre Kinder erziehen, ihnen Grenzen setzen und sie von Zeit zu Zeit bestrafen.

Zusammengefaßt können wir sagen, daß Eltern, die Grenzen setzen, in den Fällen für das Kind handeln, in denen es sein Verhalten noch nicht selbst bestimmen oder noch nicht wissen kann, wie es sich verhalten soll. Bestrafen heißt, dem Kind Privilegien zu nehmen oder Schmerz zuzufügen, um elterliche Verbote zu verstärken, Mißbilligung zu zeigen oder einen Preis dafür zu fordern, daß das Kind den elterlichen Anweisungen nicht nachgekommen ist.

Wir haben festgestellt, daß Eltern oft Schwierigkeiten haben, konstruktiv Grenzen zu setzen, weil sie nicht klar zwischen dem Setzen von Grenzen und Bestrafen unterscheiden. Sie vermeiden vor allem dann, Verbote zu erteilen, wenn ihr eigener Ärger die Angst in ihnen weckt, sie könnten ihrem Kind Schaden zufügen. Wenn uns aber klar ist, daß wir Grenzen setzen, um da für das Kind zu handeln, wo es selbst noch nicht in der Lage dazu ist, schwindet unsere Angst, es zu verletzen. Diese Angst taucht eher auf, wenn Eltern ihr Kind bestrafen oder Schwierigkeiten haben, ihren eigenen Ärger auf das Kind zu kontrollieren, als in Situationen, in denen sie Grenzen ziehen. Wenn sie den Unterschied zwischen dem Setzen von Grenzen, Bestrafen und der Angst vor einem Kontrollverlust über den eigenen Ärger verstanden haben, ist das klärend und hilfreich für die Strukturierung ihres elterlichen Verhaltens.

Manchen Eltern fällt es übermäßig schwer, Grenzen zu setzen, weil sie – meistens aufgrund entsprechender eigener Kindheitserfahrungen – das Gefühl haben, damit zu sehr in die Autonomie ihres Kindes einzugreifen und die Entwicklung eines gesunden Selbstgefühls zu behindern. Das passiert auch tatsächlich, wenn Verbote zu häufig und zu scharf erteilt werden sowie unweigerlich Strafen nach sich ziehen.

Alle Eltern, die mehrere Kinder haben, wissen, daß Kinder sehr unterschiedlich auf Verbote reagieren. Dabei spielen angeborene Anlagen eine ebenso große Rolle wie die Erfahrungen des Kindes. Einige

Kinder sind anpassungsbereit, während andere sich gegen Führung und Anweisung schnell sträuben. Manche Kinder können gut mit Grenzen umgehen, andere wiederum werden die Liebe und das innere Gleichgewicht der Eltern immer wieder auf die Probe stellen. Hier beziehen wir uns auf Kinder, die das weite Spektrum normalen Verhaltens zeigen. Das auffällig gestörte oder schwierige Kind braucht wahrscheinlich speziell auf es zugeschnittene Strategien. Zu diesem Thema gibt es einige gute Bücher.[5]

Wann setzen wir Grenzen?

Wir sind oft gefragt worden: »Wann soll ich anfangen, Grenzen zu setzen?« Die beste Antwort, die wir wissen, lautet: »Wenn sie zum erstenmal erforderlich sind.«

Als Jane fünf Monate alt war, krabbelte sie auf die ebenfalls fünf Monate alte Temmy zu. In ihrem Forschungsdrang griff Jane nach dem Spielzeug, das Temmy in der Hand hielt. Auch wenn wir zu dem Schluß gelangten, daß Jane Temmy nicht vorsätzlich etwas wegnehmen wollte, sondern einfach von Temmys Spielzeug fasziniert war, war sich die ganze Gruppe einig, daß dieses Verhalten nicht erlaubt werden sollte. Janes Mutter ging sofort zu Jane, nahm ihr das Spielzeug weg, gab es Temmy wieder und erklärte ihrer Tochter, daß sie Temmy ihr Spielzeug nicht wegnehmen dürfe.

Manche Eltern reagieren verblüfft auf die Vorstellung, einem fünf Monate alten Kind Grenzen zu setzen, und fragen sich, ob das vernünftig ist. Wir sind der Meinung, daß Eltern, die ihr Kind bei Verhaltensweisen beobachten, die sie nicht billigen, das dem Kind mitteilen und ihm *seinem Alter* und der *Situation entsprechende* Grenzen setzen sollten. Das Verbot wurde nicht verärgert oder vorwurfsvoll ausgesprochen, sondern in dem Bewußtsein, daß dieses kleine Kind soziale Grenzen überschritten hatte. Und da sein Verhalten unerwünscht war, wurde es auch nicht zugelassen.

Mit 13 Monaten schien Jane – wie die meisten Kinder in diesem Alter – ständig den Drang zu verspüren, das haben zu wollen, was andere hatten.

54

Als sie nach meiner Kaffeetasse griff, erlaubte ich ihr nicht, die Tasse zu nehmen, und ich sagte ihr, der Kaffee sei heiß und außerdem kein Getränk für Kinder. Danach wandte sie sich an ihre Mutter und brachte zum Ausdruck, daß sie Saft trinken wolle.

Im Alter von 13 Monaten war Jane im Umgang mit Gleichaltrigen ein schwieriges Kind. Sie war fordernd, zog andere am Arm, hielt Dinge fest und wurde sehr wütend. An diesem Morgen kreischte sie zweimal los und schrie zwei der gleichaltrigen Kinder verärgert an. Hartnäckig war sie auf das Portemonnaie aus, das Temmy in der Hand hielt. Temmy hielt es einen Augenblick lang fest, aber Jane bestand auf ihrer Forderung, zog weiter an der Börse und schimpfte wütend auf Temmy ein. Schließlich ließ diese das Portemonnaie los und begann zu weinen.

Janes Mutter schaltete sich ein. Bevor sie handfest eingriff, hatte sie Jane aus der Entfernung Anweisungen gegeben und ihr gesagt, sie solle Temmy in Ruhe lassen. Mit der Zeit war ihre Stimme immer lauter geworden. Als Jane Temmy das Portemonnaie schließlich wegnahm, stand die Mutter auf, ging zu Jane, entriß ihr die Geldbörse und gab sie Temmy zurück. Dabei sagte sie leicht verärgert und schimpfend zu Jane, daß das, was sie da tue, nicht in Ordnung sei.

Wir glauben, daß Grenzen ins Spiel gebracht werden müssen, wenn sie erforderlich sind. Während unserer jahrelangen Beobachtungen haben wir wiederholt festgestellt, daß die meisten Kinder etwa vom sechsten Lebensmonat an Grenzen brauchen. Unsere Untersuchungen (vgl. Kapitel 1) zeigen, daß Grenzen von dieser Zeit an deswegen erforderlich sind, weil es zu einem psychobiologischen Aufschwung an Aggressivität kommt, der mit dem Reifungsschub einhergeht, der um diese Zeit einsetzt.

Wir haben häufig beobachtet, daß es Eltern frustriert, ihre Verbote – die selbst für ein Kind im frühen Alter von sechs oder 13 Monaten erforderlich sind – mehrmals wiederholen zu müssen. Die Mutter der 13 Monate alten Jane war verärgert darüber, daß Jane (wie es vier, fünf Monate lang der Fall war) nicht auf ihre Anweisungen reagierte, so daß die Mutter lauter werden mußte. Noch wütender machte es sie, daß sie zu Jane hingehen und die Anweisungen verstärken mußte, indem sie in deren Spiel eingriff.

Es ist wichtig, zu erkennen, daß der innere Druck, der das Kind antreibt, keine internen Kontrollen hat. Das Kind lernt erst im Lauf der Zeit, diesen inneren Antrieb zu beherrschen. Dieser Prozeß wird nachdrücklich beeinflußt durch die Erfahrungen, die das Kind macht, und durch die Stärke des inneren Antriebs, die auf Veranlagung beruht. Beides ist verantwortlich für die Tatsache, daß Verbote bei einigen Kindern häufiger wiederholt werden müssen als bei anderen. Weil die Verinnerlichung der mütterlichen Ermahnungen einige Zeit beansprucht und die innere Kontrolle der Antriebe erst entwickelt werden muß, dauert es auch eine Weile, bis das Kind versteht, daß ihm Grenzen gesetzt werden müssen.

Vielleicht hilft es Eltern, wenn sie wissen, daß sich ihre Anweisungen auf Dinge beziehen, die das Kind gern tun möchte und zu denen es sich oft regelrecht getrieben fühlt. Wenn wir ehrlich sind, müssen wir uns eingestehen, daß niemand sich gern sagen läßt, was er zu tun und zu lassen hat. Das ist von Geburt an so. Wir alle kommen mit inneren Veranlagungen zur Welt, die uns antreiben, das anzustreben und zu tun, was wir wollen. Deswegen prallen die elterlichen Anweisungen oft nicht nur mit den Neigungen des Kindes und seiner Unfähigkeit zusammen, die inneren Antriebe zu kontrollieren, sondern richten sich auch gegen seine Wünsche, seinen gesunden Narzißmus und sein Bestreben nach Autonomie. Aus diesen Gründen ist das Vermitteln von Grenzen ein langwieriger Prozeß, der ständige Wiederholungen erfordert und sowohl für das Kind als auch für die Eltern oft ermüdend ist.

Und noch ein weiterer Hinweis zur Frage, wann wir Grenzen setzen müssen: Weil Verbote sehr viel häufiger notwendig sind, als es für Eltern und Kind wünschenswert ist, weil sie für beide Seiten ermüdend sind und unweigerlich zu Konflikten zwischen beiden sowie zu ambivalenten Gefühlen beim Kind und oft auch bei den Eltern führen, ist es ratsam, *Grenzen nur dann zu setzen, wenn sie wirklich erforderlich sind.* Verbote, die nicht unbedingt nötig sind, werden von Kindern als Unterdrückung empfunden. Kinder entwickeln im Laufe der Zeit ein sehr genaues Gespür dafür, ob die Grenzen, die Vater oder Mutter ihnen auferlegen, wirklich erforderlich sind oder nicht. Vielleicht sind sie dazu noch nicht mit einem Jahr fähig, mit Sicherheit aber, wenn sie acht Jahre alt sind. Weil das Setzen von Grenzen – auch wenn es für das Kind zum besten ist – so viele Schwierigkeiten mit sich bringt, sollte es generell nur dann erfolgen, wenn die Situation wirklich danach verlangt.

Nehmen wir an, Sie erteilen ein Verbot und erkennen bald darauf, daß es nicht nötig war. Ein Beispiel:

Die Mutter hat ihrem Vierjährigen gerade gesagt, er könne mit seiner Cousine, die zu Besuch ist, nicht draußen spielen, weil er sich dabei schmutzig mache. Aber er ist bereits verdreckt. Außerdem ist der Tag bald zu Ende, und Mutter überlegt, daß es jetzt nicht mehr darauf ankomme. Sie ändert ihre Meinung und sagt ihm, sie habe noch einmal darüber nachgedacht, und es sei in Ordnung, draußen zu spielen. Das Kind ist außer sich vor Freude!

Sie können viel gewinnen, wenn Sie Ihrem Kind sagen, Sie hätten das gerade ausgesprochene Verbot noch einmal überdacht und hielten es für unnötig. Unserer Erfahrung nach wissen Kinder es durchweg zu schätzen, daß Eltern ihre Meinung ändern, wenn es gerechtfertigt ist. In den mehr als zwei Jahrzehnten unserer Beobachtung von Kleinkindern und ihren Müttern haben wir noch nie erlebt, daß ein Kind sich über seine Mutter lustig machte, weil sie ihre Meinung änderte. Wir haben fast immer die Erfahrung gemacht, daß das Kind dieses Verhalten der Eltern zu schätzen weiß.

Wie setzen wir Grenzen?

Wir haben im letzten Abschnitt ausgeführt, daß Grenzen dem Alter des Kindes und der Situation angemessen sein sollten. Darüber hinaus sollten Eltern bei Verboten auch die Verfassung und die persönliche Geschichte des Kindes berücksichtigen.

Das Alter: Wir gehen mit Recht davon aus, daß ein sieben Monate altes Kind anders auf Anweisungen reagiert als ein sieben- oder 14jähriges.

Der Gefühlszustand des Kindes: Mit einem sieben Monate alten Kind, das die Mutter beim Einschlafen in die Brustwarze beißt, müssen wir anders sprechen als mit einem hellwachen dreijährigen Kind, das sich stark in Bedrängnis fühlt und seine Spielgefährten beißt.

Die Situation: Wenn ein anderthalbjähriges Kind einem anderen Kind das Spielzeug wegnimmt, ist ein anderer Tonfall erforderlich, als wenn es einen Stecker aus der Steckdose zieht.

Die Geschichte des Kindes: Hier denken wir vor allem an den Aspekt, der seine Reaktion auf Ihre Verbote betrifft. Wenn es unproblematisch ist, dem Kind Grenzen zu setzen, oder nicht so häufig erforderlich, haben Sie dabei freiere Hand – Sie können also zwangloser mit der Situation umgehen und sich mehr Zeit lassen. Wenn das Kind dagegen mit einem Jahr darauf bestand, in der Besenkammer mit den Putzmitteln zu spielen, mit anderthalb Jahren seinen Stuhl an den Herd gestellt hat, um zu kochen, während Sie anderwärtig beschäftigt waren, und mit zwei Jahren sämtliche Schubladen des Küchenschranks leergeräumt hat, müssen Sie ihm entschiedener Grenzen setzen. Wahrscheinlich muß kurz nach dem Aussprechen von Grenzen eine Warnung vor Strafe erfolgen. Ihre Verbote werden in diesem Fall energischer und mißbilligender ausgesprochen und ziehen, falls nötig, auch häufiger Strafen nach sich.

Da Grenzen das Kind nicht beleidigen oder unnötig behindern sollten, sondern als Anleitung und Hilfe gedacht sind, ist es wichtig, sie klar und verständlich zu formulieren. Das Kind zu fragen, ob es nicht tun möchte, was Mutter von ihm erwartet, ist keine gute Strategie, denn damit wird die Tatsache außer acht gelassen, daß das Kind von inneren Antrieben motiviert wird und bereits tut, was es will. Es ist viel besser, dem Kind mit einfachen Worten fürsorglich und zugleich respektvoll mitzuteilen, was Sie von ihm erwarten.

Sinnvoll ist es auch, zwischen Nachdrücklichkeit und Feindseligkeit zu unterscheiden. Oft bringen Eltern beides durcheinander. Wenn Grenzen nicht eingehalten werden, vermischen sich manchmal Nachdrücklichkeit, Ärger und Feindseligkeit. Wenn eine Mutter mit energischer Stimme spricht, vermittelt sie dem Kind, daß sie auch wirklich meint, was sie sagt. Ist sie dagegen feindselig, fühlt das Kind sich bedroht. Klarheit, eine für das Kind verständliche Sprache und angemessene Nachdrücklichkeit sind wünschenswert. Ihr Tonfall wird bei jeder Wiederholung Ihrer Anweisung energischer sein. Sollten Sie wütend werden, ist es gut, sich das einzugestehen und es Ihrem Kind auch zu sagen.

In der Tat ist es nicht ungewöhnlich, daß Eltern wütend werden, wenn sie Grenzen setzen, und wo angemessen, ist das auch hilfreich. Wenn das Kind sich wiederholt weigert, Verbote zu befolgen, oder etwas tut, was die Eltern erschreckt – zum Beispiel immer wieder auf die Straße läuft –, können Sie nur über Ihren Ärger vermitteln, daß es Ihnen ernst ist. Jetzt ist nicht die Zeit, das Kind anzulächeln oder ihm zu schmeicheln. Ihr Ärger zeigt dem Kind, daß es zu weit geht oder etwas Verbotenes tut und daß Sie als Eltern jetzt zum Wohle des Kindes die Führung übernehmen. In vernünftigen Dosierungen ist Ärger nicht destruktiv. Wirklich verheerend sind für Kinder Haß, Feindseligkeiten und Demütigungen beziehungsweise Herabsetzungen.

Erklären Sie, warum Sie Grenzen setzen: »Du kannst Temmy nicht einfach ihr Spielzeug wegnehmen. Das ist nicht nett. Dir würde es auch nicht gefallen, wenn sie dir dein Spielzeug wegnehmen würde.« Es gibt aber auch Ausnahmen. Eine gefährliche Situation wie die, in der das Kind mit einem Stecker spielt, erfordert ein sofortiges Einschreiten, das erst anschließend erklärt werden kann. Auch wenn es einem Kind generell schwerfällt, Grenzen zu akzeptieren, kann es manchmal angemessen sein, die Erklärungen erst nach dem Erteilen des Verbots zu liefern. Auf jeden Fall ist immer dann, wenn wir Grenzen setzen – gleich zu Beginn, nachdem wir dem Kind etwas verboten haben und auch dann, wenn wir es bestrafen müssen –, eine Erklärung erforderlich. Sie müssen keine langen Vorträge halten; es reicht, wenn Sie Ihr Verbot mit wenigen Worten begründen.

Wir setzen Grenzen, um dem Kind Anleitungen zu geben und ihm etwas zu vermitteln, nicht um ihm zu zeigen, wer das Sagen hat. Ein solches Machtgebaren würde ein Kind als Verletzung seiner Selbstachtung empfinden. Und weil es ihm weh tut, löst es in ihm meistens noch mehr Feindseligkeit gegenüber den Eltern aus.

Eltern schrecken meistens dann davor zurück, auf dem Einhalten von Grenzen zu bestehen, wenn sie Schuldgefühle haben. Eine Mutter, die ganz klar weiß, daß das, was sie tut, in Ordnung ist und dem Kind helfen soll, fühlt sich wahrscheinlich weniger schuldig. Wenn ein Kind Sie in große Aufregung versetzt hat, sind Sie vielleicht wütend auf es und verspüren den Wunsch, es zu verletzen, indem Sie ihm unmißverständlich zeigen, wer die Oberhand hat. Sie sollten sich über Ihr Kind möglichst nicht zu sehr aufregen, auch wenn das aus mehreren Gründen nicht immer möglich ist. Wenn Sie wütend auf Ihr Kind sind, sollten Sie ihm das jedoch sagen und auch gefühlsmäßig vermitteln. Jeder von uns kann über die Menschen, die er liebt, in Wut geraten. Aber unsere eigenen feindseligen und wütenden Gefühle in bezug auf unsere Kinder führen dazu, daß wir Schuldgefühle haben, wenn wir ihnen etwas verbieten – was wiederum zur Folge hat, daß wir uns scheuen, notwendige Grenzen zu ziehen. Sowohl das Verstärken als auch das Zurücknehmen von Verboten kann manchmal notwendig sein. Wenn Sie feststellen, daß die Grenze, die Sie gesetzt haben, nicht nötig ist, nehmen Sie sie zurück. Sie werden nichts verlieren, wenn Sie Ihre Meinung da, wo es berechtigt ist, ändern. Ist das Verbot aber erforderlich, sollten Sie es aufrechterhalten.

Ein grundlegendes Modell für das Setzen von Grenzen

Meistens ist es schwierig, Grenzen noch zu verstärken. Das Aussprechen und Verstärken von Verboten sollte ein gradueller Prozeß sein, der die Verfassung, das Alter und die Geschichte des Kindes sowie seine Situation berücksichtigt. Im besten Falle beginnen wir mit freundlicher, aber fester Stimme zu sprechen. Wiederholen wir unser Verbot, wird unser Tonfall energischer. Ist eine weitere Ermahnung notwendig, müssen Sie noch bestimmter und energischer auftreten. Beim vierten Einschreiten muß das Kind warnend darauf hingewiesen werden, daß die Situation sich jetzt wirklich zuspitzt. Und beim nächsten Schritt müssen Sie Ihre Warnung wahr machen und vielleicht mit einer Strafe drohen. Bei der folgenden Intervention sollten die Eltern das Kind von seinem Vorhaben zurückhalten, ihm Vergünstigungen nehmen oder (je nach Einstellung) auch einen Klaps auf den Hintern geben.

Dieses Stufenmodell der Grenzsetzung ist aber nicht in jeder Situation und auf jedes Kind so anwendbar. In manchen Fällen müssen die einzelnen Schritte rascher aufeinander folgen, in anderen können die Eltern sich mehr Zeit lassen. Wann welches Vorgehen angebracht ist, hängt unter anderem davon ab, in welcher Verfassung und Situation Mutter und Kind sich befinden und wie häufig das Verbot ausgesprochen werden muß. Wir haben hier nicht die Absicht, rigide Strategien vorzuschreiben, sondern möchten verdeutlichen, daß das Setzen von Grenzen oft eine allmähliche Steigerung erfordert: vom einfachen, wenn auch energisch ausgesprochenen Verbot bis zu eventuell notwendigen Strafen.

Wir gehen dann vom Verbieten zum Bestrafen über, wenn das Kind unsere Anweisungen nicht befolgt und auch die Warnung vor Strafe nicht beachtet. Sie sollten beim Bestrafen ebenso konsequent sein wie beim Verbieten: Haben Sie eine Strafe angedroht, sollten Sie sie auch in die Tat umsetzen, wenn es erforderlich wird. Aber selbst wenn Sie wütend sind, sollten Sie beim Bestrafen Ihres Kinds achtsam sein und Respekt vor ihm bewahren. Das ist auch dann möglich, wenn Sie sehr verärgert sind.

Eltern haben sehr unterschiedliche Auffassungen zum Thema Strafen, vor allem, wenn es um einen Klaps auf den Hintern geht. Es ist nicht nötig, Kinder körperlich zu bestrafen. Eltern, die diese Form der Bestrafung ablehnen, praktizieren sie auch nicht. Wenn Sie Ihrem Kind bestimmte Vergünstigungen nehmen, kann das genauso wirksam sein. Wenn Eltern das Gefühl haben, daß ein Klaps auf den Hintern ihrem kleinen Kind im Alter von einem bis zu fünf Jahren nicht schadet, kann ein mäßiger, aber fester Schlag auf ein gepolstertes Hinterteil – was heißt, daß das Kind Windeln oder Kleidung trägt – sehr wirksam sein. *Es ist nicht gut, das Kind auf den nackten Hintern zu schlagen.* Das kann dazu führen, daß es sich gedemütigt fühlt. Außerdem kann ein Kind dieses Verhalten als sexuellen Akt oder Angriff empfinden, und zwar selbst dann, wenn es noch sehr klein ist.

Uns fällt es nach all den Jahren der Beobachtung schwer, zu glauben, daß es irgendwelche Gründe geben könnte, Kindern unter einem Jahr einen Klaps zu geben. Es ist auch nicht notwendig, das Kind mit irgendeinem Gegenstand statt mit der Hand auf das gepolsterte Hinterteil zu schlagen, damit die Strafe wirkt, und wir raten ausdrücklich davon ab. Wenn Eltern mit einem Klaps auf den Hintern nichts erreichen, müssen sie sich wahrscheinlich einmal näher damit befassen, wie sie Grenzen setzen und wie ihre Beziehung zu ihrem Kind aussieht. Vielleicht ist es an der Zeit, daß sie lernen, wie man Grenzen setzt und sich mit Kindern auseinandersetzt. Das ist bei weitem besser und meistens auch wirksamer, als das Kind noch mehr zu bestrafen, damit es sich die elterlichen Maßstäbe zu eigen macht.

Strafen, die das Kind demütigen, rufen Feindseligkeit hervor. Auch wenn sie wirksam sind, kann der Preis in bezug auf die Selbstachtung, das Wohlbefinden, das grundsätzliche Akzeptieren von angemessenen Grenzen und die Entwicklung einer konstruktiven inneren Kontrolle zu hoch sein. Sätze wie »Du bist ein böses Mädchen« werden von Kindern ernstgenommen. Solch eine Äußerung kann das Selbstbild des Kindes prägen und mehr Schaden anrichten als nützen. Selbst ein »gutes« Kind tut manchmal Dinge, die die Eltern nicht billigen. Wenn wir das Kind beschämen, verletzen wir es, lösen Feindseligkeit aus und erreichen oft das Gegenteil von dem, was wir eigentlich wollen.

Hier ein warnender Hinweis im Hinblick auf Strafen, die darin bestehen, daß dem Kind bestimmte Vergünstigungen genommen werden: Es ist gut, dem Kind in diesem Falle etwas zu versagen, was ihm wirklich Spaß macht. Ein Kind mag äußern, daß es ihm egal ist, ob es seine Lieblingssendung sehen darf oder nicht. Wenn Kinder versuchen, mit einer Strafe klarzukommen, sagen sie oft, daß ihnen etwas gleichgültig ist. Manchmal will das Kind sich damit an den Eltern rächen und ihnen das Gefühl vermitteln, daß sie mit ihrer Strafe nichts bewirken. Wenn Sie dem Kind Dinge nehmen, sollten Sie daher sicher sein, daß sie ihm auch wirklich Spaß gemacht haben und immer noch Spaß machen. Verlassen Sie sich nicht auf das, was das Kind im Eifer Ihres hitzigen Machtkampfes äußert.

Grenzen setzen erfordert, daß wir unsere Anweisungen immer wieder beharrlich wiederholen. Müssen Grenzen ständig neu gezogen werden, sollte auch das geschehen, und sei es über Jahre hinweg. Wenn Eltern mit ihren Verboten auf große Schwierigkeiten stoßen, ist es ratsam, professionelle Hilfe zu suchen, um zu klären, was im Kind, in der Eltern-Kind-Beziehung und in der Familie generell vor sich geht.

Wir möchten noch einmal darauf hinweisen, daß Kinder je nach Veranlagung sehr unterschiedlich auf Anweisungen und Verbote ansprechen. Einige können sich besser fügen als andere. Manche Kinder reagieren sehr heftig auf Verbote. Sie fühlen sich beschimpft und abgelehnt, wenn man ihnen Grenzen setzt. Verbote, die für ein Kind zu streng sind, können für ein anderes zu locker sein. Die Reaktionen Ihres Kindes auf Grenzen zeigen Ihnen, wie Sie die notwendigen

Verbote entsprechend formulieren können. Manche Kinder sind von Natur aus scheu und reagieren auf Verbote, die ihnen angst machen, indem sie sich zurückziehen. Die Einschätzung der Eltern, ihr Gespür und ihr Gefühl für das, was das Kind erlebt, die Verletzlichkeiten und Empfindsamkeiten des Kindes und die Situation – das alles sind Hinweise, die Eltern sagen, wie sie eine bestimmte Grenze formulieren können.

Wenn wir von einem kleinen Kind zuviel Kooperationsbereitschaft erwarten, kann das negative Folgen haben. Es ist nicht wünschenswert, daß ein Kind leicht beeinflußbar ist und seine eigenen Bestrebungen und Wünsche zu schnell aufgibt. Wenn Kinder sich zu bereitwillig fügen und zu schnell kooperieren, geht das oft auf Kosten ihrer Selbstbehauptung, ihrer Autonomie und ihres Selbstgefühls.

Aber auch wenn wir zu schnell auf die Kooperationsbereitschaft des Kindes verzichten, wirkt sich das negativ aus. Eine Mutter, die zu schnell aufgibt, dem Kind Grenzen zu setzen, verhindert damit möglicherweise, daß das Kind die innere Kontrolle entwickelt, die es für eine angemessene Anpassung in bezug auf sich, andere, die Schule, seine spätere Arbeitssituation und die Welt insgesamt braucht.

Man sollte sich auch darüber bewußt sein, daß Kooperationsbereitschaft und Einverständnis je nach Alter variieren. Ein sechs oder neun Monate altes Kind kann nicht so gut kooperieren und einwilligen wie ein dreijähriges. Manchmal werden ein dreijähriges oder achtjähriges Kind und mit Sicherheit ein Jugendlicher sich weigern, sich zu fügen und zu kooperieren, was den Umständen durchaus angemessen sein kann.

In der heutigen Zeit ist uns viel bewußter, daß es für Kinder nachteilig sein kann, wenn sie zu nachgiebig sind. Dieses Verhalten ist ein Hindernis für konstruktive Aggression, Selbstbehauptung und Willenskraft. Bei Jugendlichen können wir natürlich davon ausgehen, daß sie gegen Nachgiebigkeit rebellieren. Und auch hier hängt es ganz wesentlich von der Einschätzung der Eltern ab, ob Kooperationsbereitschaft und Nachgiebigkeit oder Widerstand und Rebellion beim Kind oder Jugendlichen zu stark ausgeprägt sind. Nach dieser Einschätzung entscheiden Eltern auch, wann Widerstand berechtigt und wann Einwilligung angemessen ist. Eltern müssen begreifen, daß es für das Kind hilfreich ist, sich behaupten und trotzdem auch nachgeben zu können. Um mit den zahlreichen verschiedenen Situationen des Lebens umgehen zu können, müssen wir Einflüsse sowohl abwehren als auch tolerieren und uns sowohl behaupten als auch den Argumenten eines anderen Menschen beugen können.

Ein kritischer Punkt beim Setzen von Grenzen

Der zweijährige Harry steht schon wieder auf dem Stuhl, von dem ihn seine Mutter gerade heruntergenommen hat. Inzwischen verärgert, gibt ihm seine Mutter einen Klaps auf den Hintern und zieht ihn etwas grob vom Stuhl. Harry, der jetzt aufgebracht ist und weint, streckt seiner Mutter die Arme entgegen und drückt deutlich aus, daß er von ihr hochgenommen werden möchte. Sie wendet sich von ihm ab und sagt dabei:»Ich habe dir gesagt, du sollst nicht auf den Stuhl klettern. Du bist ein böser Junge!« Von der Mutter zurückgewiesen, spaziert Harry durch das Zimmer zu seinem Vater und drückt sich an ihn. Der Vater sagt:»Komm jetzt nicht zu mir. Du warst böse.« Harry weint noch heftiger und vergräbt sein Gesicht in den Sofapolstern. Später wirkt er verstört.

Wir alle handeln nach dem grundlegenden Prinzip, festzuhalten, was uns guttut, und wegzuschieben, was wir als unangenehm empfinden. Mit anderen Worten: Wir möchten annehmen und uns zu eigen machen, was sich gut anfühlt, und wegstoßen, verleugnen und aus der Welt schaffen, was uns Schmerz bereitet. Das ist der Grund dafür, daß das Kind Verbote, die ihm unter positiven emotionalen Bedingungen vermittelt werden, eher verinnerlicht. Das Umgekehrte gilt – daß nämlich ein Kind die elterlichen Anweisungen nicht an sich heranläßt –, wenn ihm Grenzen in einer Atmosphäre der Feindseligkeit und Beschimpfung gesetzt werden.

Wenn die Eltern das Kind ausgeschimpft haben, so daß es aufgebracht ist und dann von ihnen getröstet werden möchte, tritt ein kritischer Punkt ein. Eltern, die ihr Kind beschimpfen – so daß es weint, schreit und getröstet werden möchte –, sind über dieses Kind verärgert. An wen aber sollte das Kind sich um Trost wenden, wenn es verstört ist? Natürlich wird es seine primären Bezugspersonen um Zuwendung bitten, und das sind eben meistens die geliebten Eltern.

Wir haben oft beobachtet, daß verärgerte Mütter sich unter diesen Umständen weigern, ihr Kind zu trösten. Ihr Kommentar dazu lautet: »Sie will mich nur herumkriegen«, oder: »Sie will sich nur einschmeicheln.« Unserer Meinung nach sollten Eltern, die ihr Kind ausgeschimpft haben, es auch trösten, wenn es sich in dieser Situation um Trost an sie wendet. Dafür gibt es zweierlei Gründe.

Auf dem Hintergrund des Prinzips, daß wir alle behalten wollen, was uns guttut, und wegstoßen, was uns unangenehm ist, sollten Sie erstens folgendes bedenken: Eine Mutter, die ihr Kind, das um Trost bittet, auf den Arm nimmt, hat Gelegenheit, ihr Verbot in einer Atmosphäre zu wiederholen, in der das Kind sie als tröstende Mutter erlebt, die es liebevoll beruhigt.

Die dreijährige Lucy, der die Mutter gerade gesagt hat, sie dürfe Betty den Ball nicht wegnehmen, sitzt aufgebracht auf Mutters Schoß. Die Mutter sagt freundlich und ruhig: »Ich weiß, daß es dich ärgert, daß du Bettys Ball nicht haben kannst. Aber er gehört ihr, und sie will dich im Augenblick nicht damit spielen lassen. Du kannst ihn ihr nicht einfach wegnehmen. Das kann ich nicht zulassen. Ich würde auch nicht erlauben, daß sie dir einfach etwas wegnimmt.« Mutter umarmt Lucy liebevoll. Das Kind sieht immer noch etwas traurig aus. Aber es nickt langsam und bleibt ein paar Minuten geborgen auf Mutters Schoß sitzen. Dann springt es auf und spielt mit Betty weiter.

Wenn Eltern sich hingegen weigern, ihr Kind zu trösten, wiederholen sie ihr Verbot meistens verärgert, sagen dem Kind oft, es sei böse, und untergraben damit ihre eigenen Bemühungen, dem Kind Grenzen zu vermitteln. Außerdem schüren sie sowohl den Haß des Kindes auf sie als auch ihren eigenen Ärger auf das Kind.

Im obengenannten Fall wird das Kind schließlich die mütterliche Anweisung verinnerlichen, weil das Verbot in einer tröstlichen und beruhigenden Atmosphäre erteilt wird. In der zweiten Situation wird ein Kind dagegen den Wunsch verspüren, wegzuschieben, was die Mutter ihm sagt. Es will ihre Worte nicht hören und wird sich letzten Endes weigern, sich das mütterliche Gebot zu eigen zu machen.

Natürlich ist dies ein einfaches Modell. Die Psyche des Menschen ist viel komplizierter. Das zweite Kind wird im Laufe der Zeit das Verhalten der ablehnenden Mutter sowie ihr feindselig geäußertes Verbot schließlich doch verinnerlichen. Es wird sich die mütterlichen

Anweisungen jedoch mit einem Übermaß an Ärger zu eigen machen, mit dem Wunsch, sich aufzulehnen und diese Dinge loszuwerden, sowie mit der ganzen Wucht der Feindseligkeit, die mit der Erfahrung verknüpft bleibt. Das Kind in der ersten Szene hingegen, das von der Mutter liebevoll getröstet wird, bekommt die Möglichkeit, den Ärger, der in ihm ausgelöst wurde, abklingen zu lassen.

Der zweite Grund für ein positives Eingehen auf die Bitte des Kindes um Trost ist folgender: Während unseres Heranwachsens entwickeln wir bestimmte Gefühle für uns und andere – vor allem für Familienmitglieder und speziell für Mutter und Vater. Einige dieser Gefühle sind positiv, andere negativ, und sie prägen das Bild, das wir uns von uns und den Menschen in unserer Umgebung machen.

Psychologen sprechen vom »guten« und vom »schlechten« Selbst sowie von der »guten« und der »schlechten« Mutter. Sie gehen davon aus, daß wir alle ein Selbstbild entwickeln, das sich uns einprägt und das für unser emotionales Leben eine große Rolle spielt. Je stärker die Liebe ist, die wir für uns, unsere Eltern und Geschwister empfinden, desto schwächer sind unsere ambivalenten Gefühle. Je schwerer wir an der inneren Last ausgelöster Feindseligkeit tragen, desto größer ist unser Selbsthaß und unser Haß auf Mutter und Vater, und desto stärker sind unsere negativen ambivalenten Gefühle, die sich im Lauf der Zeit verfestigen. Und desto größer werden auch die Schwierigkeiten, die uns im Leben begegnen. Welchen Einfluß Liebe einerseits und extreme Feindseligkeit andererseits auf die Entwicklung unserer Beziehungen, unserer Selbstachtung und unseres Bewußtseins ausüben, hängt davon ab, ob und inwiefern diese Gefühle in uns ausbalanciert werden.

Wir führen hier nur einige Aspekte des Einflusses auf, den ein ausgewogenes Verhältnis von Liebe und Feindseligkeit auf das Selbst und andere hat. Der psychologischen Fachwelt ist sehr wohl bekannt, daß extreme Ambivalenzen zu pathologischen Störungen führen und für unsere Anpassung an das Leben, unsere Beziehungen und unsere Fähigkeit, zu kooperieren, zu arbeiten und uns am Leben zu freuen, schwere Folgen haben können.

Auf diesem Hintergrund ist die Frage, wie wir versuchen können, die Feindseligkeit, die beim Erteilen von Verboten ins Spiel kommt, zu mildern, von ausschlaggebender Bedeutung. Genau an diesem Punkt, an dem ein Kind, das ausgeschimpft wurde, getröstet werden möchte, kann die Entwicklung ambivalenter Gefühle entscheidend beeinflußt werden. Aus diesem Grund sollten Sie Ihr Kind vor allem dann (aber nicht nur in diesen Fällen) auf den Arm nehmen, wenn es bei Verboten um Trost bittet. Trösten Sie es, und wiederholen Sie dann (wenn Sie Grenzen gesetzt haben) Ihre Anweisungen. Erklären Sie ihm, warum Sie eingreifen mußten und von ihm erwarten, daß es Ihren Forderungen nachkommt.

6 Dem Kind beibringen, Feindseligkeit angemessen und annehmbar zum Ausdruck zu bringen

»Es ist nicht in Ordnung, daß du mich schlägst!« sagt die Mutter der zweijährigen Jane laut zu dem Kind. »Wenn du wütend auf mich bist, kannst du mir das sagen. Aber ich erlaube dir nicht, mich zu schlagen!« Jane lächelt verlegen, gibt aber schon bald nach und hat offensichtlich das Gefühl, daß die Mutter zu Recht mit ihr geschimpft hat.

Als die Mutter des 16jährigen Mike ihrem Sohn sagt, er solle kein Telefonat anfangen, wenn die Familie sich gerade an den Abendbrottisch setzt, faucht er: »Was soll diese Scheiße! Ihr sitzt doch noch gar nicht am Tisch!« Seine Mutter, die zeigt, daß sie gekränkt ist, sagt daraufhin zu ihm: »Sprich nicht so mit mir. Ich weiß, daß du sauer bist, aber du kannst mir das auch anders zeigen, als dich so unflätig aufzuführen!«

Da es unvermeidbar ist, daß wir in unseren Kindern Feindseligkeit auslösen und mobilisieren, müssen wir ihnen helfen, angemessene und akzeptable Wege zu finden, diese Gefühle zum Ausdruck zu bringen. Die Entstehung von Feindseligkeit ist ein Prozeß, der sich allmählich steigert; wenn das Kind nicht angemessen und konstruktiv mit seinem Ärger umgeht, sammelt er sich an, verfestigt sich und wird zu einem Persönlichkeitsmuster. Das kann sich auf sämtliche Lebensbereiche eines Menschen störend auswirken. Es ist Sache der Eltern, ihren Kindern beizubringen, mit feindseligen Gefühlen umzugehen, bevor diese sich anstauen, ins Extreme wuchern und sich im Kind verfestigen. Wir möchten Eltern vermitteln, daß, so unangenehm es ist, wenn ihre Kinder verärgert und feindselig auf sie reagieren, dies doch auch eine Chance darstellt, den Kindern zu zeigen, wie sie diese Gefühle ausdrücken können. Sie können lernen, diese Gefühle zu äußern, ohne daß unnötige Schuldgefühle in ihnen ausgelöst werden. Sie können die Erfahrung machen, daß sie ihren Ärger nicht fürchten, ihren Drang nach Selbstbehauptung und ihren gesunden Wettbewerbsgeist nicht aufgeben müssen und daß ihr Lernen und Streben nach persönlichen Zielen nicht beeinträchtigt wird.

Wenn Ihr Kind verärgert ist, sollten Sie es wissen lassen, daß sein Ärger auf einer Verletzung beruht. Helfen Sie Ihrem Kind, akzeptable Wege zu finden, diese Gefühle von Haß und Feindseligkeit in Worte zu fassen. Sagen Sie Ihrem Kind, daß es Ihnen erzählen kann, was es fühlt und denkt, daß Sie aber Beleidigungen nicht dulden werden. Das körperliche Ausagieren von feindseligen Gefühlen ist nicht wünschenswert, von bestimmten Ausnahmen – wie daß das Kind zum Beispiel ständig von jemandem eingeschüchtert und angegriffen wird – einmal abgesehen. Machen Sie deutlich, daß das Kind Ihnen alles sagen kann, was es fühlt und denkt, daß ihm aber nicht erlaubt ist, Sie oder sich selbst zu schlagen. Erzählen Sie dem Kind dann die Gründe für dieses Verbot, zum Beispiel:»Ich hab' dich lieb, und ich will nicht, daß du mir oder dir weh tust«;»Wenn du mich schlägst oder beschimpfst, wirst du das Gefühl haben, böse zu sein, und Schuldgefühle bekommen.«

Grundlagen

Viele Menschen glauben, es sei »schlecht«, für Familienmitglieder negative oder feindselige Gefühle zu empfinden. Viele Eltern führen Ärger und Feindseligkeit auf einen mysteriösen »bösen« Hang im Kind zurück. Wir haben sowohl bei unserer klinischen Arbeit als auch bei unseren Beobachtungen festgestellt, daß Feindseligkeit immer eine Reaktion auf eine traumatische Lebenserfahrung darstellt. Wir haben aber keinerlei Beweise dafür gefunden, daß Kinder mit einem Hang zum »Bösen« geboren werden.

Die These, die wir vertreten – daß feindselige Gefühle durch extreme Unlusterfahrungen ausgelöst werden –, vermittelt uns ein anderes Bild. Sie läuft darauf hinaus, daß jedes menschliche Wesen, wenn es nur lange genug extremer Unlust ausgesetzt ist, feindselig wird. Das gilt besonders für die erste Zeit des Lebens. Wenn das Kind noch nicht imstande ist, feindselige Gefühle umzusetzen und konstruktiv damit umzugehen, wird es seine Ablehnung so ausdrücken, daß es für sich selbst und andere schädlich ist. Es ist Aufgabe der Eltern, die primitiven, anstößigen Tendenzen ihrer Kinder in zivilisierte Formen umzulenken, und einer der grundlegendsten Bereiche, der das erfordert, ist der Umgang mit feindseligen Gefühlen. Wenn Eltern verstehen, daß ihre Kinder sich feindselig verhalten, weil sie extremen Schmerz und extreme Unlust erleben, können sie mehr Mitgefühl entwickeln. Dann setzen sie sich mit der Feindseligkeit des Kindes konstruktiver auseinander und helfen auch diesem, kreativer damit umzugehen.

Es ist ganz wesentlich für Eltern, zu wissen, daß ihre Kinder Hilfe brauchen, um zu lernen, mit ihrer eigenen Feindseligkeit zurechtzukommen und angemessene und akzeptable Wege zu finden, diese Gefühle auszudrücken. Viele wohlmeinende Eltern mißbilligen sämtliche Anzeichen von Ärger bei ihrem Kind – ganz zu schweigen von Feindseligkeit und Haß –, vor allem wenn diese Gefühle sich gegen die Eltern richten. Wenn ein zweijähriges Kind zu seiner Mutter sagt: »Ich hasse dich«, antwortet so manche Mutter:»Ich weiß, daß du das nicht so meinst.« Tatsächlich meint das Kind aber genau das, was es sagt.

Diese mütterliche Reaktion ist in mehrfacher Hinsicht problematisch. Unter anderem hat das Kind den Eindruck, daß es die Gefühle, die es empfindet, nicht haben sollte. Das Kind bekommt zu hören, daß es seine Gefühle verleugnen sollte. Nach außen hin gibt es der Mutter recht, innerlich fühlt es sich aber wie ein kleines Ungeheuer, weil es sehr wohl weiß, daß es Haß empfindet. Das Kind wird verunsichert in seiner richtigen Einschätzung dessen, was es erlebt, und das kann zu Verwirrung führen. Vielleicht glaubt es schließlich, daß die Gefühle, die es erfährt, nicht akzeptabel sind, und es macht sich zur Aufgabe, diese zu verleugnen – was unter solchen Umständen keine gute Form der Verarbeitung ist. Wir zeigen die ungünstigen Folgen, die entstehen, wenn wir einem Kind verbieten, seine wahren Gefühle zu erleben, hier nur unvollständig auf. Wenn Ihr Kind wütend auf Sie ist, haben Sie Gelegenheit, ihm zu helfen, mit solchen Gefühlen konstruktiv umzugehen.

Es ist noch eine weitere Konsequenz zu nennen, wenn Eltern dem Kind nicht erlauben, sie zu hassen. Kinder selbst stempeln Gefühle wie Ärger und Haß als »schlecht« ab. Das tun sie manchmal sogar dann, wenn die Eltern ihnen gegenüber etwas anderes vertreten. Kinder sind die ersten, die sich als »böse« bezeichnen, wenn sie Feindseligkeit für die Menschen empfinden, die sie lieben. Das ist deswegen der Fall, weil feindselige Gefühle für geliebte Personen in uns eine tiefgehende Mißbilligung auslösen, die oft zu Selbstanklagen und Selbsthaß führt, was wir als Schuldgefühl kennen. Ein Kind braucht Gelegenheit, diese ambivalenten Gefühle, die Schuld erzeugen, aufzulösen, denn sonst können sie schwere Folgen nach sich ziehen. Wenn Eltern also den Gedanken nicht ertragen können, daß ihr Kind sie haßt – und sicher ist es schwer, das wahrzunehmen –, nehmen sie dem Kind die Chance, mit diesen Haßgefühlen konstruktiv umzugehen – ein Prozeß, auf den eine Mutter oder ein Vater nachhaltig Einfluß nehmen kann.

Wir haben hier nicht die Absicht, Alarm zu schlagen. Es ist jedoch für Eltern nützlich, wenn sie wissen, daß mangelhaft verarbeitete Gefühle von Feindseligkeit, die geliebten Menschen gelten, alle möglichen emotionalen Störungen und Leiden hervorrufen können. Solche Gefühle können erst verarbeitet werden, wenn sie sich eingestanden, angemessen zum Ausdruck gebracht sowie entladen worden sind und wir uns verständnisvoll damit auseinandersetzen.

Bei dieser Aufgabe braucht das kleine Kind die Hilfe seiner Eltern. Psychotherapeuten bestätigen, daß es die Verarbeitung von feindseligen Gefühlen ganz grundlegend fördert, wenn wir sie im Rahmen einer Beziehung, die uns wichtig ist und die wir schätzen, verbalisieren dürfen. Für das kleine Kind ist diese Beziehung diejenige zu Vater und Mutter. Auch Geschwister können sich bei der Verarbeitung extremer Feindseligkeit unterstützen, selbst wenn sie gleichzeitig Opfer dieser Feindseligkeit werden können. Unser Ziel ist, Müttern, Vätern und ihren Kindern zu helfen, einen emotionalen Dialog miteinander zu entwickeln, in dem Ärger, Feindseligkeit und Haß sinnvoll besprochen und damit abgebaut werden können.

Eingreifende Schritte

Wenn Eltern sehen, daß die feindseligen Gefühle ihres Kindes Folge einer extremen Unlusterfahrung sind, können Sie entsprechend eingreifen. Eine Mutter, die ihrem Kind vermittelt, daß sie um seine (körperliche oder emotionale) Verletzung weiß, verhilft ihm zu einer Erfahrung, die dem Wachstum des Kindes weitaus förderlicher ist, als wenn es zu hören bekommt, es sei »böse«. Wenn wir dem Kind deutlich machen, daß sein Ärger auf einer Verletzung statt auf einem »bösen« Kern beruht, hat unser Austausch mit ihm auf seine Selbstwahrnehmung, sein Wohlbefinden und sein Bild von der Mutter und damit letzten Endes auch von anderen Menschen sehr wohltuende Folgen. Die Erfahrung des Kindes verläuft dann im Rahmen einer positiv gestalteten menschlichen Verbundenheit.

Eine weitere Auswirkung dieses positiven Austauschs ist, daß das Kind in diesem Fall seine Gefühle als sehr viel weniger bedrohlich und schädlich erlebt. Das hilft dem Kind, sich mit seinen Empfindungen auseinanderzusetzen und in Worte zu fassen, was diese ausgelöst hat. Stellen Sie sich vor, welche Atmosphäre Sie schaffen, wenn Sie Ihrem Kind erzählen, es habe sich wieder einmal völlig danebenbenommen. Wie anders wirkt dagegen eine Situation, in der Sie Ihrem Kind liebevoll sagen, Sie wüßten, daß es verletzt ist und würden gern wissen, was der Grund dafür ist!

Eltern können ihrem Kind äußerst wirkungsvoll helfen, mit seinen feindseligen Gefühlen, die im Austausch mit ihnen entstehen, auf akzeptable Weise umzugehen. Wir haben bereits mehrmals gesagt, daß selbst die besten Eltern nicht verhindern können, daß ihr Kind zahlreiche extreme Unlusterfahrungen macht. Es ist unvermeidbar, daß in Familien Feindseligkeit ausgelöst und mobilisiert wird. Greifen wir deshalb noch einmal den Fall auf, den wir bereits an früherer Stelle besprochen haben: die unangenehme und manchmal schwierige Aufgabe, dem eigenen Kind Grenzen zu setzen.

Hier sind es die fürsorglichen Eltern, die die Unlust des Kindes und damit seine Feindseligkeit bewirken. Wir möchten auf die wichtige, aber auch komplizierte Tatsache hinweisen, *daß der Mensch, den das Kleinkind als ersten haßt, die betreuende Person ist, die ihm emotio-*

nal am wichtigsten ist, meistens also die Mutter. Der Grund dafür ist, daß die ersten kindlichen Erfahrungen einer im zwischenmenschlichen Austausch entstehenden Unlust durch seine einfühlsame und liebevolle Betreuerin ausgelöst werden.

Im allgemeinen ist die Mutter, die liebevollste Bezugsperson des Kindes, unweigerlich auch die erste, die es frustriert. (Wenn der Vater die Betreuung des Kindes ebenso intensiv übernimmt, gilt das gleiche natürlich für ihn.) Weil die Mutter also die erste ist, die ihr Kind frustriert, richten sich seine feindseligen Gefühle und (später) sein Haß gegen sie. So unangenehm diese Tatsache für Eltern auch ist, sie hat in Wirklichkeit auch äußerst positive Aspekte. Denn wer sonst kann dem Kind schon so einfühlsam zeigen, mit seinem Haß umzugehen, als eine liebevolle Mutter oder ein liebevoller Vater? Wer sonst wäre bereit, sich dem Haß des Kindes auszusetzen?

Die einjährige Mary greift ständig nach Tassen, Aschenbechern und den Spielsachen der anderen Kinder. Immer wieder will sie den Wagen mit den Spielsachen wegschieben, was ihre Mutter ihr verbietet. Ständig läuft sie in die Diele, wo sie nach Meinung ihrer Mutter allein nicht sicher aufgehoben ist. Wenn die Mutter ihr in die Diele folgt, sie hochnimmt und ihr sagt, sie solle nicht aus dem Zimmer laufen, beschwert Mary sich verärgert. Ihr Gesicht läuft rot an, sie verkrampft sich, zittert und schreit. Es ist leicht zu erkennen, daß sie äußerst frustriert und sehr wütend auf ihre Mutter ist. Sie schlägt zwar ihre Mutter, Objekt ihres Ärgers, nicht, aber es sieht so aus, als ob sie sich selbst leicht auf die Nase klopft. Sie hämmert auch auf die Couch und auf den Spielzeugkarren ein.
Mit 13 Monaten erreichen ihre Reaktionen auf die mütterlichen Verbote eine neue Ebene. Als die Mutter Mary die ersten Male aus der Diele zurückbringt, lächelt Mary und läßt passiv geschehen, daß sie in das Zimmer für die Kleinkinder zurückgebracht wird. Aber dann wehrt sie sich immer heftiger und dreht und windet sich, um sich aus den Armen ihrer Mutter zu befreien. Schließlich schreit sie ärgerlich los, tritt nach ihrer Mutter und trifft sie tatsächlich zweimal am Arm. Einmal schlägt sie sich auch selbst.

Wie geht man mit solch einer Situation um? Vor allem ist es wichtig, daß die Mutter, hält sie eine Grenze für erforderlich, diese auch einhält. Als Mary ihren Ärger auf die Mutter lautstark äußerte, schämte letztere sich, weil wir die beiden beobachteten. Obwohl sie sich durch den Ärger ihres Kindes getroffen fühlte, unterdrückte sie dessen

Gefühle nicht. Wenn ein Kind weint, offensichtlich auf die Mutter schimpft (auch wenn es noch gar nicht sprechen kann) und deutlich zum Ausdruck bringt, daß es verärgert ist, schlägt es einen Weg ein, der ihm den Umgang mit seinen Gefühlen erleichtert. Deswegen ist es am besten, das Schreien des Kindes und sein wortloses »Schimpfen« und Protestieren nicht zu unterbinden.

Wenn wir überlegen, wie wir unseren Kindern helfen können, ihren Ärger, ihre Feindseligkeit und ihren Haß zu verbalisieren, müssen wir unterscheiden zwischen Worten, die verletzen, und Worten, die beleidigen. Auch wenn wir unsere Kinder ermutigen wollen, schwierige Gefühle in Worte zu fassen, möchten wir nicht, daß sie dabei die Grenzen dessen überschreiten, was sie einem anderen Menschen – vor allem, wenn sie ihn schätzen und lieben – zumuten können.

Wir treffen diesen Unterschied in der Form, daß wir sagen, Eltern sollten keine Beleidigungen hinnehmen, aber Formulierungen erlauben, die verletzend sein können, ohne zu beleidigen. Wir haben festgestellt, daß einige Eltern bestimmte Worte nicht dulden, während andere sie hinnehmen können. Vielleicht sollten wir die Kategorie »beleidigend« um die Dimension »nicht annehmbar« erweitern.

Wir reagieren nicht nur empfindlich auf bestimmte Worte, sondern auch auf den Tonfall, in dem sie geäußert werden. Der Tonfall vermittelt oft die emotionale Färbung oder die Gefühlsqualität dessen, was wir zum Ausdruck bringen. Wenn wir einem Kind helfen, Gefühle wie Feindseligkeit und Haß zu verbalisieren, müssen wir ihm zugleich auch Grenzen setzen. Worte und ein Tonfall, die beleidigend oder nicht annehmbar sind, sollten nicht erlaubt werden.

Wenn ein kleines Kind zum Beispiel losschreit: »Ich hasse dich«, ist die Mutter zweifellos verletzt. Trotzdem können diese Worte, auch wenn das Kind sie noch so inbrünstig äußert, nicht als Beleidigung aufgefaßt werden. Vielleicht empfindet die Mutter sie als schmerzlich, und trotzdem sollte sie sie nicht verbieten. Dieses Beispiel zeigt, wie schwierig es ist, zu bestimmen, wo wir Grenzen setzen müssen, wenn wir dem Kind erlauben, Feindseligkeit und Haß in Worte zu fassen. Wir alle müssen unsere Grenzen ziehen. Aber wir sollten dabei im Gedächtnis behalten, daß es, um unserem Kind helfen zu können, notwendig ist, ein Spektrum an Ausdrucksweisen zu finden, die akzeptabel sind. Sonst gibt es keine verbale Möglichkeit, Feindseligkeit aufzulösen, und das kann nur Probleme nach sich ziehen. Für den Autor dieses Buchs ist es zum Beispiel ein Unterschied, ob sein Sohn ihn als »Blödmann«, »Bastard« oder als »Hurensohn« bezeichnet. Vom eigenen Sohn als »Blödmann« beschimpft zu werden, ist bitter. Daß er »Bastard« oder »Hurensohn« genannt wird, geht diesem Vater aber auf jeden Fall zu weit.

Tatsächlich sprechen wir hier über einen weitreichenden Aspekt in bezug auf die Frage, wie wir mit jemandem auskommen, den wir schätzen und lieben. Streitigkeiten und Auseinandersetzungen mit den von uns geliebten Menschen sind für uns alle eine Herausforderung, mit Sicherheit aber für Kinder. Es ist gut, für das Streiten (ob mit geliebten Menschen oder anderen) vernünftige Spielregeln zu entwickeln. Selbst für Boxkämpfe gibt es Regeln: Schläge unter die Gürtellinie sind auf keinen Fall erlaubt. Wir können dieses Beispiel benutzen, um die Grenze zwischen verletzenden Äußerungen und ausfallenden, unangemessenen Worten zu ziehen, die uns beleidigen und die wir nicht hinnehmen wollen.

Wie wir bereits gesagt haben, sind Eltern oft aufgebracht, wenn Kinder ihren Ärger zum Ausdruck bringen. Oft sagen sie dem Kind, es solle damit aufhören, Ärger sei etwas Schlechtes und – was am wenigsten angebracht ist – die Eltern würden ihm erst noch wirklichen Anlaß zum Ärger geben! Im allgemeinen ist der ärgerliche Ausbruch eines kleinen Kindes, wie der der 13 Monate alten Mary, die es auf ihre geliebte Mutter »abgesehen« hatte, zu begrüßen, denn damit drückt das Kind aus, was es fühlt. Natürlich hilft es der Mutter, wenn sie erkennt, daß das Kind auf etwas reagiert, was sie ihm antut. Dann kommt der Ärger, der sich gegen sie richtet, nicht überraschend.

Mary trat aus Entfernung in die Richtung ihrer Mutter und schlug sie zweimal tatsächlich auf den Arm. Einmal schlug sie auch sich selbst. Die körperliche Entladung feindseliger Gefühle ist im Normalfall nicht wünschenswert. Es gibt jedoch Situationen, in denen es gerechtfertigt ist, daß das Kind um sich schlägt, vor allem wenn es von einem anderen Menschen ständig eingeschüchtert und/oder angegriffen wird. Alle Eltern wissen, daß Quälgeister nicht aufhören, ihr Opfer zu schikanieren, solange es nicht zurückschlägt. Es gibt natürlich aber auch Ausnahmen von diesem grundsätzlichen Phänomen.

Das Abreagieren von Ärger durch Schläge ist normalerweise jedoch nicht der beste Weg, mit unseren Gefühlen umzugehen. Wenn das Kind die Mutter schlägt, kommt eine zusätzliche Dimension ins Spiel: Es empfindet sich als schlechten Menschen. Das ist selbst dann der Fall, wenn es nicht auf die Mutter einschlägt, und zwar aufgrund seines Ärgers auf die geliebte Mutter.

Da Schlagen ein körperlicher Akt ist, gerät das Kind in doppelte Bedrängnis, wenn es die Mutter in dieser Form angreift. Wir können konkrete Handlungen nicht so leicht zurücknehmen wie verbale Äußerungen. Schlagen ist außerdem verletzender und weniger akzeptabel als wütende Worte. Für die hier geltenden Umstände – Mary, die einen Wutanfall bekommt, weil die Mutter ihr Grenzen setzt – paßt das Sprichwort »Worte können niemals so verletzen wie ein Schlag ins Gesicht«.

Wir sind der Meinung, daß Kinder, die ihre Eltern körperlich angreifen, stärkere Schuldgefühle entwickeln, als wenn sie sagen: »Ich hasse dich.« Deswegen sollten Eltern nicht zulassen, daß sie von ihren Kindern geschlagen werden. Erzählen Sie Ihrem Kind, daß es sagen kann, was es fühlt und denkt, daß Sie ihm aber nicht erlauben, Sie zu schlagen.

Wenn das Kind fortfährt, auf Mutter oder Vater einzuschlagen, ist es notwendig, ihm klare Grenzen zu setzen. Das ist durchaus ein lohnenswertes Unternehmen. Sie sollten sich dabei an die Schritte halten, die wir im Kapitel 5 vorgeschlagen haben. Wenn die Verbote nichts nützen und die Eltern zu Strafen Zuflucht nehmen müssen, raten wir dazu, dem Kind Vergünstigungen zu nehmen oder ihm, falls es sich um ein Vorschulkind handelt und die Eltern es befürworten, einen Klaps auf den bekleideten Hintern zu geben.

Dem Kind Gleiches mit Gleichem zu vergelten, ist unserer Meinung nach nicht so gut wie ihm Privilegien wegzunehmen oder, wenn es sich um ein kleines Kind handelt, ihm einen Klaps auf das Hinterteil zu geben. Wenn ein Kleinkind zum Beispiel beißt, ist es nicht angemessen, es zur Strafe ebenfalls zu beißen. Ein Klaps auf das bekleidete Hinterteil hat, wenn Mutter oder Vater ihn vertreten können, eine weitaus bessere erzieherische Wirkung als diese Form von Rache und ruft beim Kind auch weniger Angst, Schmerz und Feindseligkeit hervor.

Eltern sollten dem Kind nicht nur verbieten, sie zu schlagen, sondern es auch davon abhalten, sich selbst zu schlagen, und ein Verhalten, wie Mary es zeigte, vorsorglich mißbilligen. Eltern stellen häufig fest, daß Kinder (selbst wenn sie noch kein Jahr alt sind), die extrem verärgert sind, nicht nur auf andere einschlagen, sondern auch auf sich selbst. Bei sehr kleinen Kindern kann das die Folge einer noch nicht ausreichend entwickelten Differenzierung sein – sie wissen nicht, wo die Grenze zwischen ihnen und dem Menschen verläuft, der die Erfahrung bewirkt, die bei ihnen Ärger auslöst.

Selbst Kinder, die erst knapp ein Jahr alt sind, können sich bei akuter Überlastung mit Feindseligkeit davon abhalten, die feindseligen Gefühle an Mutter oder Vater auszulassen. Auch bei so kleinen Kindern erzeugt die Feindseligkeit gegenüber den Menschen, von denen sie abhängig sind, einen inneren Konflikt. Die Alternative für kleine Kinder besteht häufig darin, den Haß von den Eltern, die es ja braucht und die wichtig für es sind, wegzulenken und gegen sich selbst zu richten.

Wir haben beobachtet, daß Kinder oft dazu tendieren, wiederholt die gleichen Reaktionen zu zeigen. Das ermöglicht Eltern, zu erkennen, nach welchem Muster das Kind sich bei extremer Feindseligkeit verhält. Eltern können somit feststellen, ob ihr Kind dazu neigt, in entsprechenden Situationen seine Feindseligkeit gegen sich selbst zu richten. Wenn das Kind seine Feindseligkeit dann in dieser Form ausdrückt und entlädt, können die Eltern eingreifen, um es von Verhaltensweisen abzuhalten, die nicht wünschenswert sind.

Irgendwie zog die dreijährige Phyllis sich ständig blaue Flecken, Kratzer oder Schnitte an Armen, Beinen oder im Gesicht zu. Uns war aufgefallen, daß sie über Stühle fiel oder in sie hineinlief, obwohl sie kein ungeschicktes Kind war. Bald schon konnten wir beobachten, daß, wenn sie sich über ihre kleinere Schwester aufregte, sie neckte oder schlug und daraufhin von der Mutter ausgeschimpft wurde, sie sich selbst den Arm aufkratzte oder in die eigene Hand biß. Sie war nicht in der Lage, ihren Ärger anders auszudrücken. Als wir anfingen, sie davon abzuhalten und das Kind und seine Mutter darauf aufmerksam machten, lernte sie innerhalb weniger Wochen, über ihre Gefühle zu sprechen. Die körperlichen Selbstangriffe nahmen ab und hörten schließlich ganz auf.

Eltern sind sich normalerweise darüber im klaren, daß es ungünstige Folgen hat, wenn wir den Haß, den wir gegenüber anderen empfinden, gegen uns selbst richten. Wir alle kennen Menschen, die im Leben nicht erfolgreich sind, weil sie ein tiefes inneres Bedürfnis nach Selbstbestrafung haben. Das ist durchaus kein seltenes Phänomen. Ebenso wichtig, wie ihren Kindern zu verbieten, auf andere einzuschlagen, ist, daß Eltern sie davon abhalten, sich selbst zu verletzen. Das betrifft Verhaltensweisen wie sich selbst zu schlagen, zu beißen oder den Kopf gegen die Wand oder einen anderen harten Gegenstand wie einen Tisch zu schlagen. Dieses Verhalten kann sich bei Kindern bereits am Ende des ersten Lebensjahres entwickeln. Bei Kindern zwischen zwei und drei Jahren und älter kann es sich indirekter äußern, zum Beispiel darin, daß sie häufig fallen oder sich Kratzer und Verletzungen zuziehen.

Die Verbote, auf die Mutter oder sich selbst einzuschlagen, sollten im wesentlichen in der gleichen Form erteilt werden. Zuerst kommt die Anweisung, damit aufzuhören. Dann folgt die Begründung des Verbots, und zwar immer mit Worten wie:»Ich hab' dich lieb und möchte nicht, daß du mir oder dir weh tust.« Wenn das Kind sich schon eine ganze Weile selbst Verletzungen zufügt, sollten Sie ihm außerdem sagen, daß Sie sein Verhalten mißbilligen und erwarten, daß es damit aufhört.

Wenn das Kind sich selbst schlägt, müssen die Eltern ihm wahrscheinlich wieder Grenzen setzen. Wo diese nichts bewirken, muß das Kind vielleicht in milder Form – wie durch den Entzug von Vergünstigungen – bestraft werden. Und wenn auch das nichts ändert, kann professionelle Hilfe erforderlich sein. Wir möchten noch einmal betonen, daß das heftige Einschlagen auf sich und andere eine unbefriedigende Form des Umgangs mit extremer Feindseligkeit ist, die zu schweren Problemen sowohl in Beziehungen als auch im Arbeitsleben führen kann.

Hier folgt noch ein weiterer Faktor, der Eltern darin unterstützen kann, dem Kind beizubringen, übermäßige Feindseligkeit konstruktiv zu entladen. Die meisten Eltern brauchen diese Unterstützung zwar nicht, trotzdem kann sie hilfreich sein. Wenn wir Kindern nicht zeigen, wie sie starke Feindseligkeit gegen die Mutter oder sich selbst ausdrücken und abbauen können, fühlen sie sich ihren eigenen Haßreaktionen und destruktiven Impulsen ausgeliefert. Sie bekommen

Angst vor ihrer eigenen Wut. Das kann weitreichende negative Folgen für die Entwicklung des Kindes haben.

So führt die Angst vor den eigenen Gefühlen häufig zur Unterdrükkung oder Verleugnung dieser Gefühle. Das Kind bemüht sich, seine Gefühle zu verbergen, oder verneint, daß sie überhaupt existieren, so daß sie sich immer mehr anstauen. Oder das Kind unterbindet die Manifestation dieser Gefühle und blockiert ihren angemessenen Ausdruck und ihre Entladung, was seine innere Anspannung weiter verstärkt. Diese Reaktionen können beide eine Erstarrung seines emotionalen Lebens oder eine generelle Unfähigkeit zum Gefühlsausdruck zur Folge haben, die nicht nur Haß, sondern auch Liebe, Zuneigung und sexuelle Befriedigung betrifft. Behinderungen dieser Art können auch Lernschwierigkeiten und damit langfristig Schul- und Arbeitsprobleme nach sich ziehen.

Hier ein Beispiel, auf das wir in der einen oder anderen Form sehr häufig gestoßen sind:

Ein sechsjähriger Junge ist in Gegenwart von Erwachsenen und sogar seines Vaters erstaunlich ruhig. Er spricht kaum mit ihnen, selbst dann nicht, wenn man es von ihm erwartet (wie der Lehrer in seiner Klasse). Mit seiner Mutter fällt ihm das Reden absolut leicht. Auch mit Gleichaltrigen hat er keine Schwierigkeiten. Er bekommt auch Wutanfälle, die seine Eltern sehr beunruhigen, und er gerät am stärksten in Rage über seinen jüngeren Bruder, der ihm offensichtlich große Schwierigkeiten bereitet. Weil er noch nicht gelernt hat, seine Wut unter Kontrolle zu halten, und ständig Angst hat, daß sie herausbricht, muß er seine Gefühle unterdrücken. Das führt zu Hemmungen, die sich unter anderem auch im Gespräch mit Erwachsenen zeigen, es sei denn, es handelt sich um seine Mutter.

Wir wollen Eltern nicht verunsichern. Uns geht es vielmehr darum, auf die enormen Möglichkeiten hinzuweisen, die sie haben, ihren Kindern bei der äußerst schwierigen Aufgabe zu helfen, mit ihrem Ärger, ihrer Feindseligkeit und ihrem übermäßigen Haß umzugehen. Viele Kinder sind bestürzt über den Haß und die Feindseligkeit, die sie für die geliebten Eltern empfinden. Für Psychologen beruhen diese Konflikte auf Ambivalenz. Es ist für uns alle schwierig, mit ambivalenten Gefühlen zurechtzukommen, und Eltern, denen diese Tatsache bewußt ist, können viele vorbeugende Schritte unternehmen, um ihre Kinder beim Umgang mit der eigenen Feindseligkeit zu unterstützen.

Und noch ein weiterer Hinweis: Wir haben einmal beobachtet, wie ein 16 Monate altes Kind gegen einen Stuhl gestoßen ist, weil es nicht darauf geachtet hatte, wo es hinläuft. Wenn das Kind darüber aufgebracht ist, könnte die Mutter sagen:»Böser Stuhl«. Aber diese Art der Problembewältigung bringt Schwierigkeiten mit sich. Der Stuhl ist mit Sicherheit nicht auf das Kind zugegangen und hat ihm etwas angetan. Das Unglück geschah vielmehr, weil das Kind nicht auf seinen Weg geachtet hatte. Es ist besser, dem Kind ein Gespür dafür zu vermitteln, daß es Dinge in Bewegung bringen kann und für sein eigenes Handeln verantwortlich ist. Eine Anweisung wie:»Paß auf, wo du hinläufst. Sei vorsichtig«, ist viel nützlicher als zu sagen:»Böser Stuhl!« Das ist ein wichtiger Aspekt: Wenn wir einen unschuldigen Gegenstand beschimpfen, fördern wir einen höchst problematischen Mechanismus des Umgangs mit der eigenen Feindseligkeit und dem eigenen Haß. Wir nennen diesen Mechanismus *Verschiebung*.

Verschiebung heißt, daß das Kind, wenn es bereits im ersten Lebensjahr mit übermäßigem Haß auf einen geliebten Menschen konfrontiert ist und dadurch ein innerer Konflikt geschürt wird, beschließen kann, seine Feindseligkeit auf einen anderen Menschen oder eine andere Sache umzulenken. Um das zu verdeutlichen, wollen wir noch einmal zu einem Vorfall zurückkehren, der bereits geschildert wurde.

Die 14 Monate alte Jane hatte an diesem Morgen Schwierigkeiten mit ihrer Mutter. Mitten in einem ihrer kleinen, aber zu der Zeit häufig auftretenden Machtkämpfe griff Jane nach einem Holzklotz, hob den Arm und wandte sich trotzig ihrer Mutter zu. Die Mutter sah Jane ziemlich streng an, und obwohl sie nichts sagte, drückte ihr Gesicht ein deutliches Verbot aus. Jane brachte den Arm vor, drehte sich dabei leicht und warf den Klotz nach Frau G., die neben ihrer Mutter saß.

Wir zogen daraus den Schluß, daß Janes eigentliche Zielscheibe die geliebte Mutter war, daß das mütterliche und das eigene innere Verbot Jane aber bewegten, ihren Angriff auf eine Unbeteiligte, Frau G., zu richten. Wir haben aus solchen Vorfällen den Schluß gezogen, daß die Verschiebung ein Selbstschutzmechanismus ist, den alle Menschen einsetzen, um ihre Feindseligkeit auf einen geliebten Menschen loszuwerden, indem sie sie an einer weniger wichtigen Person abreagieren. Diese Form, Ärger zu entladen, schafft für uns nicht so tiefgehende Konflikte, da diese Person nicht so wichtig für uns ist wie ein Mensch, den wir lieben.

Für uns folgt daraus, daß der Mechanismus der Verschiebung auch für die langfristige Entwicklung von Taktiken wie andere einzuschüchtern, Sündenböcke zu suchen und das Vorurteilsverhalten eine Rolle spielt. All diesen Verhaltensweisen ist gemeinsam, daß ein anderer Mensch als der, der unsere Wut und unseren Haß ursprünglich ausgelöst hat, zum Empfänger unserer Gefühle wird, da wir sie auf ihn verschieben.

Somit ist es keine erstrebenswerte Problemlösung für unser Kind, einer unschuldigen Sache oder Person die Schuld an seiner Verletzung und Feindseligkeit zu geben. Wir ermuntern es damit, seine Feindseligkeit auf andere zu verschieben. Durch falsche Vorwürfe wird das Kind auch darin bestärkt, der realistischen Auseinandersetzung mit Situationen aus dem Weg zu gehen, was nur zu Komplikationen in seinem Leben führt. Das Kind hat mehr davon, wenn es lernt, darauf zu achten, wo es hinläuft, statt sich zu der Annahme verleiten zu lassen, daß Stühle sich auf wundersame Weise durch den Raum bewegen. Wenn wir Stühlen Vorwürfe machen, verzerren wir die Tatsachen, ermutigen zu beängstigendem magischen Denken – das allen Kindern bis zur Grundschulzeit und noch länger vertraut ist – und stören die Entwicklung einer gesunden Vorsicht, die für die Anpassung an Situationen und einen angemessenen Selbstschutz erforderlich ist.

Wie die Vermittlung von Grenzen erfordert auch die kindliche Entwicklung von Kontrolle über den eigenen Ärger und die eigene Feindseligkeit sowie deren gesunde Entladung von den Eltern Zeit und ein kontinuierliches Bemühen. Das gilt bis in die Grundschuljahre, manchmal sogar bis ins Jugendalter. Wir sollten dabei im Gedächtnis behalten, daß es Möglichkeiten gibt, die eigene Feindseligkeit graduell und in einer Form zu entladen, die sowohl für uns selbst als auch für die Zielscheibe unseres Ärgers akzeptabel ist. Wenn wir unsere Feindseligkeit in einer positiven und wichtigen Beziehung verbalisieren, verhindern wir, daß sie sich in unserer Psyche anstaut und unsere Persönlichkeit färbt. Wir fördern damit auch die Entwicklung einer inneren Kontrolle über die Entladung von

Feindseligkeit und Haß – ein Prozeß, der sich ganz allmählich und mit großer Unterstützung von seiten der Eltern entwickelt. Wenn wir Kindern beibringen, ihre Feindseligkeit zu formulieren, müssen wir unsere Anweisungen – wie auch beim Setzen von Grenzen – meistens ständig wiederholen, damit die Kinder mit der Zeit lernen, ihr Gefühl von Schmerz (Unlust) und die dadurch ausgelöste Feindseligkeit durchzuarbeiten.

Lassen Sie uns für einen Augenblick zu dem Zweijährigen zurückkehren, der aufgebracht und verletzt zu seiner Mutter sagt:»Ich hasse dich!«»Meine Güte«, könnte die Mutter entgegnen,»tut mir leid, daß du so wütend auf mich bist. Puh! Ich bin froh, daß du dich nicht oft so fühlst. Weißt du, manchmal bin ich auch ganz schön wütend auf dich. Und ich bin froh, daß ich an all die vielen Augenblicke denken kann, in denen du gesagt hast, daß du mich liebhast.« Zuviel für einen Zweijährigen? Absolut nicht.

Mit ihren Bemühungen, einen gesunden Dialog mit ihrem Kind zu entwickeln, aufrechtzuerhalten und zu fördern – der auch dann stattfinden kann, wenn es um negative Gefühle und Feindseligkeit geht –, geben Eltern dem Kind nicht nur ein Instrument für die Durcharbeitung von schmerzlichen Gefühlen, Feindseligkeit und Haß zur Hand, sondern stellen auch eine gesunde innere Entwicklung des Kindes sicher, was den Aufbau gesunder Beziehungen und ein erhöhtes Wohlbefinden einschließt. Dieses Versprechen können wir auch dahin gehend erweitern, daß Eltern, die möchten, daß ihr Kind im Jugendalter mit ihnen spricht – was beileibe nicht in allen Familien selbstverständlich ist –, vom Kleinkindalter an mit ihm reden, ihm zuhören und es ermutigen müssen, seine Gefühle und Erfahrungen mitzuteilen.

7 Wie wir mit Wutanfällen und Jähzornesausbrüchen wachstumsfördernd umgehen können

Das war zuviel! Das Leben war einfach unerträglich. Der zweieinhalbjährige Andy war bereits den ganzen Morgen gereizt gewesen, erzählte seine Mutter uns. Tatsächlich brauste er schon tagelang ständig auf, seit sein Vater auf Geschäftsreisen war. Daß der dreijährige David ihn weggeschubst hatte und seine Mutter ihm jetzt sagte, er könne das Buch nicht haben, das Susan in der Hand hielt, schien der Tropfen zu sein, der das Faß zum Überlaufen brachte! Sein Kummer und sein Ärger nahmen überhand, und er brach zusammen. Andy war ein »schneller Brüter«. Wir hatten seinen Ausbruch kommen sehen. Er war eine Zeitlang gereizt gewesen, und als David ihn schubste, war er den Tränen nahe. Jetzt fing er zu weinen an, schrie wütend los und warf sich voller Schmerz, Hilflosigkeit und Ärger auf den Teppich. Seine Mutter wäre am liebsten in den Boden versunken. *Nicht schon wieder! Vor all diesen Leuten* (einer Gruppe von Eltern und Kleinkindern)!
Während Andy um sich schlug und schrie, versuchte seine Mutter ihn zu beruhigen. Sie fühlte sich offensichtlich schrecklich und schämte sich für sich und für ihn. Wie konnte sie verhindern, daß er sich so elend fühlte und sie beide dermaßen in Verlegenheit brachte? Andys ganzes Repertoire an Gefühlsreaktionen – vor allem sein Gesicht und sein Schreien – zeigte, daß er heftigen Schmerz, Ärger und Verwirrung empfand. Er schien selbst bestürzt zu sein. Nachdem er zwei Minuten geschrien und um sich geschlagen hatte, schien er Dampf abgelassen zu haben, und er wurde langsam ruhiger. Er sah blaß, erschöpft und verletzt aus. Die Mutter hatte aufgehört, ihn lautstark zu ermahnen, er solle mit dem Schreien aufhören. Am liebsten wäre sie auf die Toilette gerannt, vielleicht nur, um sich zu verstecken und zu verhindern, daß sie ihm eine Ohrfeige gab – wenn sie damit nicht noch weitere Demütigungen riskiert hätte. Auch sie war blaß, verletzt und zitterte. Beide schwiegen jetzt.

Ein paar Minuten vergingen. Andy fing spontan wieder an, herumzunörgeln. Besorgt sagte ihm seine Mutter, er solle damit aufhören! Andys Ärger wurde stärker, und innerhalb weniger Sekunden hatte er einen neuen heftigen Wutanfall.

Wir möchten erläutern, welche Merkmale einen Jähzornesausbruch ausmachen, und dabei sowohl die schildern, bei denen wir einschreiten können, als auch die, bei denen wir uns zurückhalten müssen. Wir möchten darstellen, wie wir die Heftigkeit und die Dauer solcher Anfälle abschwächen und welche positiven Schritte wir entwickeln können, um sie zu verhindern und zu bewältigen. Das kann Eltern unserer Meinung nach helfen, häufigen, intensiven und langanhaltenden Wutanfällen vorzubeugen. Das ist wichtig, denn diese Ausbrüche sind sowohl für das Kind als auch für die Eltern traumatisch. Weil solch ein Anfall extreme Angst und Schmerz auslöst, ruft er auch noch mehr Feindseligkeit wach. Wenn Eltern sich bemühen, ihren Kindern zu helfen, mit Wutanfällen umzugehen, kann das äußerst positive Folgen haben. Wir sollten uns mit diesen Ausbrüchen auseinandersetzen, sobald sie auftreten, und sie soweit wie möglich vermeiden, ohne uns zum Opfer der Gefühlswallungen unserer Kinder zu machen.

Jähzornesausbrüche haben einen ganz bestimmten Charakter. Sie haben einen Anfang, steigern sich und erreichen einen Höhepunkt oder Gipfel, um dann allmählich wieder abzunehmen und auszuklingen. Außerdem treten sie meistens in Wellen auf. Zu Beginn eines solchen Anfalls und zwischen den einzelnen Wutausbrüchen kann das kleine Kind für das Einschreiten der Eltern zugänglich sein. Während wachsender Verzweiflung und auf dem Höhepunkt seines Kummers ist das Kind jedoch von außen nicht ansprechbar.

Es ist wichtig, daß Eltern während eines Jähzornesausbruchs für das Kind da sind. Bieten Sie ihm Trost an, wenn der Wutanfall abzuklingen scheint, vor allem, wenn das Kind signalisiert, daß es Hilfe braucht. Geben Sie nicht auf, wenn Ihr Trostangebot abgelehnt wird, und versuchen Sie, nicht zu ärgerlich auf das Kind zu werden. Wenn der Anfall abgeklungen ist, sollten Sie mit Ihrem Kind über die Ereignisse reden, die zu dem Ausbruch geführt haben, und dem Kind auch sagen, daß es lernen muß, besser damit umzugehen.

Grundlagen

Wie wir bereits ausgeführt haben, ist ein Jähzornesausbruch traumatisch, und zwar sowohl für das Kind als auch für die Eltern. Er stellt eine Reaktion auf Situationen dar, in denen das Kind extrem viel Unlust erleidet. Bei dieser verallgemeinerten und diffus wütenden Reaktion verwischen sich die Grenzen zwischen der eigenen Person und anderen Menschen, und ein inneres Gefühl von Aufgelöstheit und Hilflosigkeit herrscht vor. All das löst intensiven Schmerz, Bestürzung, Angst und Verwirrung aus, die sich allmählich steigern sowie – in Intervallen – einen gewissen Realitätsverlust mit sich bringen. Selbst Kinder unter vier Monaten können in diesen Zustand geraten. Tatsächlich ist ein solcher Anfall in diesem Alter sogar wahrscheinlicher, weil die Fähigkeit, zwischen der eigenen Person und anderen zu unterscheiden, sowie die Realitätswahrnehmung und höhere Ebenen der psychischen Organisation noch nicht voll entwickelt sind.

Die traumatischen Auswirkungen eines Wutanfalls treffen das Kind nicht nur, während es akut in diese Gefühle verstrickt ist, sondern werden von ihm erneut erlebt, wenn es versucht, das Trauma zu bewältigen. Außerdem erzeugen Wutanfälle, gerade weil sie traumatisch sind und im Kind extreme Angst und Schmerz hervorrufen, Feindseligkeit in ihm. Das heißt, ein Wutanfall löst einfach deswegen weitere Feindseligkeit aus, weil das Kind ihn bekommen hat. Aus diesem Grund hört die Feindseligkeit, die während und aufgrund eines Jähzornesausbruchs aufkommt, auch nicht auf, nachdem er abgeklungen ist.

Klinische Anhaltspunkte führen uns zur Annahme, daß Erfahrungen wie ein Wutanfall in der Psyche gespeichert werden und von dort unterschwelligen Einfluß auf das Wohlbefinden des Kindes ausüben. Die Stärke dieses Einflusses hängt von der Intensität, Häufigkeit und Dauer dieser Erfahrungen ab. Bei der klinischen Arbeit mit Erwachsenen haben wir erlebt, welche ungünstigen und manchmal langfristigen Folgen es hat, wenn solche Jähzornesausbrüche in der Kindheit in aller Härte erlebt werden, vor allem, wenn sie sich vom ersten Lebensjahr bis in die Grundschuljahre hinein fortsetzten.

Wir möchten hier noch einmal betonen, daß wir Eltern nicht in Alarmbereitschaft versetzen wollen. Vielmehr wollen wir sie ermutigen, Jähzornesausbrüche nicht leicht zu nehmen (was die meisten sowieso nicht tun), sich aber auch nicht von ihnen einschüchtern zu lassen. Das elterliche Bemühen, den Kindern dabei zu helfen, mit Wutanfällen umzugehen, kann außerordentlich positive Folgen haben. Wie wir bereits erwähnt haben und wie auch alle Eltern wissen, verletzen Wutanfälle nicht nur das Kind, sondern lösen auch bei den Eltern viel Verzweiflung, Verwirrung, Scham und Hilflosigkeit aus. Diese Anfälle können bewirken, daß ein Vater oder eine Mutter ihr eigenes Kind ablehnen, ihm grollen und sich von ihm distanzieren. Die Folgen sind auch für die Eltern äußerst schmerzlich. Aus diesen Gründen sind wir der Meinung, daß Eltern sich mit Wutanfällen auseinandersetzen sollten, sobald sie auftreten. Außerdem sollten diese Anfälle natürlich möglichst vermieden werden, ohne daß wir uns zum Opfer der kindlichen Jähzornesausbrüche machen. Deshalb möchten wir ihnen besondere Aufmerksamkeit schenken.

Eingreifende Schritte

Wir wollen jetzt bestimmte typische Merkmale von Jähzornesausbrüchen erläutern, die wichtig für die Frage sind, wann und wie wir eingreifen können. Viele Kinder reagieren – wie der zweieinhalbjährige Andy – schnell mit einem Wutanfall. Andere geraten nur selten so in Rage, und wenn doch, entwickeln sich diese Ausbrüche nur allmählich, und es ist leicht, mit ihnen umzugehen.
Beim ersten Typ Kind kann der Wutanfall explosiv und ohne große Vorwarnungen auftreten. So kurz die einleitende Phase jedoch auch sein mag, es gibt immer Zeichen für das Nahen eines Wutanfalls. Wir waren im Grunde nicht überrascht, als Andy einen Wutanfall bekam, denn er war schon längere Zeit sehr gereizt gewesen. Er hatte mit verhaltenem Ärger reagiert, als David ihn schubste, und seine Stimmung machte deutlich, daß sich ein Sturm zusammenbraute. Eltern müssen lernen, die speziellen Zeichen zu lesen, die darauf hindeuten, daß ihr Kind einen Wutanfall bekommt.
Selbst bei Kindern, die, wie Andy, zu plötzlichen Jähzornesausbrüchen neigen, ist der im folgenden geschilderte zeitliche Ablauf zu

erkennen: Ein Wutanfall hat einen Anfang, steigert sich, erreicht einen Höhepunkt, um dann allmählich abzunehmen und auszuklingen. Dieser Ablauf (vgl. Abbildung 1) läßt sich bei sämtlichen Wutanfällen beobachten.

Nebenkurve

Hauptkurve

Die Anzahl der Neben-komponentenwellen ist höchst unterschiedlich.

Abbildung 1. – Ein voll ausgeprägter Wutanfall steigert sich meistens allmählich, erreicht einen Höhepunkt und klingt ab, indem er in Erschöpfung übergeht. Das ist die Hauptkurve. Aber ein voll entwickelter Anfall ist kein kontinuierliches Geschehen. Er besteht aus einzelnen Ausbrüchen von verwirrender Wut und Verzweiflung. Diese Episoden können als Grundlage für eine zweite Kurve gelten, die zusammen mit der Hauptkurve den Wutanfall als ganzen anzeigt.

Nehmen wir als Beispiel einen sechs Wochen alten Säugling, der deutlich gemacht hat, daß er hungrig ist. Ganz gleich, ob das Kind mit der Flasche gefüttert oder gestillt wird, Verzögerungen sind oft unvermeidbar. An diesem Tag jedoch hat das Kleinkind zu lange warten müssen. Als die Mutter endlich kommt, ist es mitten in einem heftigen Wutanfall.

Wenn Mütter versuchen, einem Säugling, der vor Hunger schreit, die Brustwarze in den Mund zu schieben, stellen sie meistens fest, daß ihnen das auf dem Höhepunkt des kindlichen Schreianfalls nicht gelingt. Jede Mutter weiß, daß das Kind auf das Anbieten der Brust unter diesen Umständen verspätet reagiert. Oft reibt die Mutter die

Brustwarze sanft über die Lippen des Säuglings, weil sie spürt, daß das Kind erst auf die Brust aufmerksam gemacht werden muß, damit es zu schreien aufhört und gestillt werden kann. Hier geschieht folgendes: Unter dem Einfluß der Wutreaktion kann das Kleinkind nicht wahrnehmen, daß es die Brust geboten bekommt. Es ist, als wäre seine Umgebung ausgeschaltet und könnte erst wieder ins Blickfeld geraten, wenn seine Wut abgeklungen ist. Die Wutreaktion macht den Säugling blind und unzugänglich für die Möglichkeit, das Bedürfnis zu befriedigen, das seinen Anfall vor allem ausgelöst hat.

Wenn sie ihr Kleinkind, sei es nun sechs Wochen oder drei Jahre alt, genau beobachten, werden Eltern feststellen, daß Jähzornesausbrüche meistens in Wellen verlaufen. Das heißt, das erste Anzeichen für einen Wutanfall kann in einer milden Welle des Unbehagens bestehen, die durch einen entsprechend mäßigen, vereinzelten Ausbruch von ärgerlichem Schreien zum Ausdruck kommt. Dann folgt eine Weile Stille, die aber schon bald in eine weitere Welle ärgerlichen Schreiens übergeht. Diese Wellen werden immer intensiver, bis der Anfall anhält und zugleich heftiger wird und entsprechend schwerer zu besänftigen ist.

Mit anderen Worten: Auf der Hauptkurve eines Wutanfalls verläuft eine zweite Kurve, die sich aus Wellen einzelner Wutepisoden zusammensetzt, die, während sie die Hauptkurve hinaufklettern, immer intensiver werden (siehe Abbildung 1).

Wir wollen den Verlauf der Nebenkurve mit ihren Komponentenwellen, die die Hauptkurve überlagern, nun einmal näher betrachten. Jede einzelne Welle der Nebenkurve besteht aus einem ansteigenden Teil, einem Gipfel und einem absteigenden Teil (siehe Abbildung 2).

Während des Ansteigens nimmt die Wutreaktion an Intensität zu, und das Kind ist zu dieser Zeit oft nicht zugänglich für äußere Einwirkungen. Der Grund dafür ist, daß die Fähigkeit des Kleinkindes, auf äußere Reize zu reagieren, von der inneren Wucht seiner Wut überrollt wird, wenn diese erst einmal in Gang gebracht wurde.

Auf dem Höhepunkt stabilisiert sich die Wutreaktion, und es wird wieder möglich, auf innere und äußere Ereignisse zu reagieren.

Am zugänglichsten jedoch ist das Kleinkind für Worte und Gesten während des Abklingens seiner Wut, weil, so nehmen wir an, sein Erleben nicht mehr ausschließlich seinem Ärger gilt.

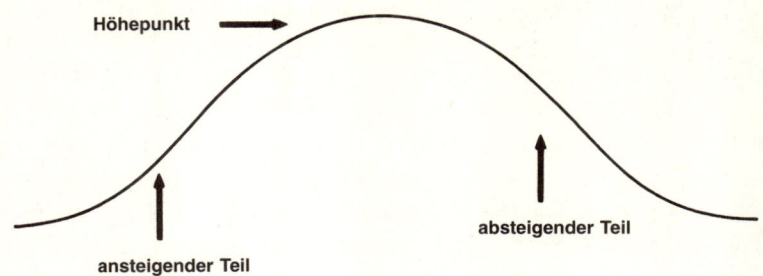

Komponentenwellen der Nebenkurve

Höhepunkt →

ansteigender Teil

absteigender Teil

Abbildung 2. – Jeder einzelne Ausbruch im Verlauf des Wutanfalls hat einen ansteigenden Teil, einen Höhepunkt und einen absteigenden Teil. Während des Anwachsens der Wut ist die Fähigkeit des Kindes, äußere Reize wahrzunehmen, verringert, und es ist dabei meistens schwierig, das Kind emotional zu erreichen. Bemühungen, das Kind zu beruhigen, sind zu diesem Zeitpunkt vergebens. Wir können dem Kind effektiver helfen, sich zu beruhigen und zu fassen, wenn seine Wut wieder abklingt.

Bei unseren Beobachtungen von Wutreaktionen haben wir im Laufe der Jahre festgestellt, daß die elterlichen Bemühungen, sofort beim Einsetzen der Wut einzuschreiten und das Kleinkind zu trösten, durchaus gelingen können. Wächst die Wut aber erst einmal, ist es zu spät, hilfreich einzugreifen. Die Wahrnehmung äußerer Ereignisse ist dann tendenziell reduziert, und die Wucht der Wutentladung kann vom Kind nicht kontrolliert werden. Das bedeutet, daß elterliche Hilfsangebote während des Anwachsens der Wutgefühle wahrscheinlich nicht registriert werden. Das Beste, was Eltern dann tun können, ist, das Kleinkind davon abzuhalten, sich oder andere (meistens die Mutter) zu verletzen oder Dinge zu beschädigen, während es um sich schlägt. Meistens ist es ratsam, dem Kind in dieser Phase zu erlauben, auf den Boden zu schlagen und es dabei vor Verletzungen zu schützen. Manchmal ist es angebracht, ein Kind, das während eines Wutanfalls um sich schlägt, davon auch abzuhalten, selbst wenn das für Kinder unter drei oder vier Jahren kaum zutrifft.

Wichtig ist, daß die Eltern während des Jähzornesausbruchs für das Kind da sind und sich in seiner Nähe aufhalten, was besonders für Kinder bis vier Jahren oder darunter, aber auch für ältere Kinder gilt. Wir werden uns noch zu der Frage äußern, wann ein Kind auf sein Zimmer geschickt werden sollte. Wenn das Kind um sich schlägt, sollten die Eltern auf keinen Fall zulassen, daß es sie körperlich angreift. Ist das der Fall, muß ein strenges Verbot erteilt werden. Damit dieses Verbot das Kind erreicht, muß es so energisch ausgesprochen werden, daß es die Barriere durchdringt, die gegen eintreffende äußere Reize errichtet wurde. Meistens ist es nicht ratsam, ein Kind mit einem Wutanfall allein zu lassen, und das trifft vor allem auf Kinder zu, die noch keine vier Jahre alt sind. Der Grund dafür ist, daß das Gefühl, alleingelassen zu werden, während sich das Kind aufgrund seiner Wut aufgelöst, hilflos und verwirrt fühlt, das Trauma noch verstärken kann; und spätestens, wenn der Höhepunkt der Wutreaktion überschritten ist und der Ärger abzuklingen beginnt, merkt das Kind, daß es allein ist. (Beachten Sie aber auch die gegen Ende dieses Kapitels erwähnte Ausnahme für diese Empfehlung.)
Während unserer Analyse mit einer jungen Frau tauchte immer wieder ein traumatisches Ereignis in der Erinnerung auf, das darin bestand, daß ihre Mutter aus dem Laden ging und sie vorübergehend allein zurückließ, als das Kind – damals sieben Jahre alt – einen Wutanfall hatte. Als ihre verwirrende Wutreaktion abklang und sie feststellte, daß die Mutter gegangen war, fühlte sie sich am Boden zerstört. Die Tatsache, daß ihre Mutter sie alleingelassen hatte, war mit heftigem Ärger und Verzweiflung verbunden. Es ist also kein konstruktiver Weg, mit Wutanfällen umzugehen, wenn Eltern ein Kind in dieser Situation allein lassen.
Lassen Sie uns wiederholen, daß die Eltern an dem Punkt, an dem die Wut gerade zu wachsen beginnt und sie erste Anzeichen der heranrollenden Welle wahrnehmen, jederzeit mit einer Mischung aus verbaler Anteilnahme, Herzlichkeit und Bestimmtheit helfen können. »Komm, Liebes, nimm dich zusammen. Ich weiß, daß du dich gerade ganz schrecklich fühlst!« Die Eltern sollten ihren Trost selbst dann anbieten, wenn das Kind nicht imstande ist, ihn anzunehmen. Steigert sich die Wut und gelangt sie auf ihrem Höhepunkt an, können wir im besten Falle versuchen, das Kind (fest) zu halten.

Am aktivsten können Eltern helfen, wenn die Wutwelle wieder abklingt. Hier kann das Kind besser wahrnehmen, was außerhalb seiner selbst passiert, und auf ihre Angebote eingehen. Wenn die Mutter spürt, daß die Wut abklingt, kann sie aktiv werden: dem Kind anbieten, es zu trösten, mit ihm besprechen, was vor sich geht, und es ermuntern, sich zu fassen. Vielleicht akzeptiert das Kind die mütterlichen Hilfsangebote nicht sofort, trotzdem sind diese gerechtfertigt, denn sie unterstützen das Kind langfristig.

Hier müssen wir noch einmal auf das Thema Grenzsetzung zurückkommen. Viele von Wut erschütterte Kinder wenden sich an die Mutter und bitten um Trost, indem sie deutlich machen, daß sie auf den Arm genommen werden möchten oder sich an den Körper der Mutter drängen. Das ist ein positives Zeichen für das Abklingen der Wut und auch ein günstiger Zeitpunkt für das Eingreifen der Eltern. Wir möchten eindringlich darauf hinweisen, wie wichtig es ist, der kindlichen Bitte um Trost nachkommen. Wenn das kleine Kind sich um Trost an die Eltern wendet, während seine Wut abklingt, ist eine optimale Bedingung für das Eingreifen der Eltern und damit die Möglichkeit gegeben, dem Kind wirksam zu helfen.

Wie alle Mütter wissen, bitten Kinder während des Abklingens ihrer Wut nicht immer um Trost. Aber selbst dann sollten Eltern Trost anbieten. Wir wir bereits erwähnt haben, kann es sein, daß das Kleinkind das Trostangebot der Eltern zurückweist. Wir möchten Eltern ermutigen, diese Ablehnung nicht zu schmerzlich aufzunehmen. Es ist zwar richtig, daß sie ein Ausdruck von Wut auf die Eltern sein mag. Wir alle wissen jedoch, daß das Kind zu diesem Zeitpunkt wütend – und höchstwahrscheinlich sogar sehr wütend – auf die Eltern ist. Deswegen sollten wir nicht überrascht sein, wenn es die tröstende Geste der Eltern zurückweist.

Kehren wir noch einmal zurück zur 13 Monate alten Mary, jenem kleinen Mädchen, das in Schwierigkeiten geriet, als ihre Mutter ihr Grenzen setzte. Wie Mary zeigt, reagieren kleine Kinder ziemlich häufig mit einem Wutanfall, wenn Mutter oder Vater ihnen Grenzen setzen.

Mary schrie verärgert, hob ihren rechten Arm mehrmals, wie um auf die Mutter einzuschlagen, und trat mit dem Fuß in ihre Richtung. Zweimal traf sie ihre Mutter tatsächlich, und einmal schlug sie sich selbst. Wir hatten das Gefühl, daß Mary deutliche Anzeichen von Verzweiflung zeigte. Zum erstenmal konnte die Mutter das weinende Kind nicht beruhigen. Folgendes haben wir dazu festgehalten:

Mary weint verärgert auf dem Arm ihrer Mutter und scheint sich aus ihren Armen befreien zu wollen. Ihre Mutter setzt sie sanft ab, ohne das Kind zurückzuweisen, aber Mary schreit noch lauter und wütender. Ihre Mutter kann sie weder halten noch absetzen. Sie nimmt das Mädchen wieder hoch, setzt sich mit ihm auf einen Stuhl und hält es weiter, und Mary beruhigt sich etwas. Während sie auf dem Schoß ihrer Mutter sitzt, lehnt sie sich nicht zurück an den mütterlichen Körper – was sie sonst immer sofort getan hat –, sondern sitzt ziemlich aufrecht und hält Abstand vom Oberkörper ihrer Mutter. Frau W., die ihr Kind noch aktiver trösten möchte, greift nach Marys Arm; Mary schiebt die Hand der Mutter aber beiseite, eine eindeutige Geste der Ablehnung. Einen Augenblick später wiederholt sich dieser Ablauf. Mary verhält sich nüchtern und ernsthaft ... Ihre Mutter stellt ihre Versuche, das Kind aktiv zu trösten, (jetzt) ein.
Nachdem Mary 30 bis 60 Sekunden in dieser Haltung verharrt hat, steht Frau W. mit ihrer Tochter auf dem Arm auf und versucht sie abzulenken, indem sie mit ihr zur Spielzeugkiste geht. Als Frau W. sich bückt, schreit Mary los, als ob sie der Schlag getroffen hätte. Die Mutter und wir Beobachter sind völlig verblüfft. Als die Mutter mit dem Kind zum Stuhl zurückkehrt, beruhigt es sich schnell und sitzt wieder aufrecht auf dem Schoß der Mutter. Allmählich wird Marys Körper weicher, sie entspannt sich passiv und kuschelt sich, den Daumen im Mund, an den Körper der Mutter. So bleibt sie im wachen Zustand etwa 20 bis 30 Minuten sitzen.[6]

Wir haben unseren Beobachtungen mehrere Dinge entnommen. Die Bemühungen der Mutter, Mary zu trösten, wurden abgewiesen. Die Mutter ging einfühlsam mit Marys Ablehnung um und wies ihr Kind nicht zurück. Nachdem sie eine Weile mit ihrem Kind auf dem Schoß einfach nur dagesessen hatte, machte sie einen weiteren Vorstoß, Mary über ihr großes inneres Unbehagen hinwegzutrösten und auch davon abzulenken. Aber wir konnten sehen, wie Mary dagegen protestierte. Mit ihrer Reaktion brachte sie die Mutter dazu, zum Stuhl zurückzukehren, mit dem Kind auf dem Schoß dazusitzen und scheinbar passiv zu bleiben.
Aber dieses passive Halten ihres Kindes war eine ausgezeichnete aktive Intervention. Mary bekam Gelegenheit, sich zu fassen, ihre Wut auf die Mutter zu verarbeiten und sich zu beruhigen. Wenn ein

Kind zu Hause so wütend wird, findet eine Mutter es vielleicht nicht angemessen, einfach dazusitzen und ihr aufgebrachtes und verzweifeltes Kind 20 oder 30 Minuten lang im Arm zu halten. Wir waren jedoch beeindruckt davon, wie wohltuend es sich auf Mary auswirkte, daß die Mutter sie hielt und emotional und körperlich präsent für sie war, während das Kind innerlich daran arbeitete, über seine Wut hinwegzukommen.

Einer Mutter, die immer zuviel zu tun hat, kann es schwerfallen, zu erkennen, wie enorm wertvoll und hilfreich es ist, 20 bis 30 Minuten mit einem Kleinkind einfach dazusitzen, das gerade einen Jähzornesausbruch überwindet. Aber wir sind davon überzeugt, daß eine Mutter, die sich in einer solchen Situation Zeit und Mühe für ihr Kind nimmt, in Wirklichkeit Zeit spart, das Kind emotional beschützt, sein Wohlbefinden sichert und viele weitere positive Folgen erleben kann.

Unter diesen Umständen kann das Kind das elterliche Eingreifen, während seine Wut abflaut, in konstruktiver Weise annehmen, so daß der Anfall aufgelöst werden kann. Mutter oder Vater sollten jetzt ihre Verbote wiederholen, wenn der Wutanfall eine Reaktion darauf war. Diese Wiederholung ihrer Ermahnungen kann verstärkt werden durch einfühlsame Kommentare wie: »Es tut weh, nicht zu bekommen, was man will. Aber leider kannst du Tommys Lastwagen nicht haben. Er gehört ihm.« Und wenn das Kind Ihnen erlaubt, so weit zu gehen, können Sie im passenden Moment auch ein paar Worte hinzufügen wie: »Ich würde auch nicht zulassen, daß Tommy dir dein Spielzeug wegnimmt. Deswegen kann ich dir nicht erlauben, Tommy etwas wegzunehmen, das ihm gehört.«

Eltern sollten nicht resignieren, wenn ihre Bemühungen, das Kind zu trösten, zurückgewiesen werden. Die Tatsache, daß das Kleinkind den mütterlichen Trost oder die jetzt wohlwollend geäußerte Ermahnung ablehnt, sollte nicht als Zeichen dafür gewertet werden, daß die Mutter sich vergeblich bemüht. Wir alle wissen, welche positiven Auswirkungen diese Zuwendung auf uns hat, wenn wir auf jemanden wütend sind. Auch wenn wir nicht gleich darauf eingehen, können wir uns sehr wohl darüber im klaren sein, daß der andere sich versöhnlich um uns bemüht. Meistens schätzen wir diese Bemühungen auch dann, wenn wir noch nicht bereit sind, entsprechend zu antworten. Und so hört auch das kleine Kind die versöhnlichen Worte der Mutter, und auch wenn es noch nicht darauf reagieren kann, fühlt es sich doch beruhigt und getröstet.

Lassen Sie uns noch ein paar weitere Anmerkungen zum Umgang mit einem Wutausbruch anfügen. Es ist hilfreich, wenn Eltern nicht *zu* verärgert auf das Kind reagieren, wenn es zu wüten beginnt. Vielleicht fällt das Eltern leichter, wenn sie wissen, daß das Kind sich durch akuten Schmerz und extreme Unlust traumatisiert sowie entsetzlich hilflos, machtlos und oft auch bedroht und verwirrt fühlt.

Wenn das Kind zwischen den einzelnen Wutausbrüchen äußert, daß es gehalten werden möchte, sollten Sie seiner Bitte auf jeden Fall nachkommen. Aber vielleicht möchte das Kind jetzt gar nicht mehr in den Arm genommen werden. Bieten Sie es ihm an, aber drängen Sie sich dem Kind nicht auf. Versuchen Sie das Kind mit freundlichen Kommentaren zu beruhigen wie: »Komm, meine Liebe, beruhige dich.« Vielleicht wirken diese Worte nicht sofort, und Sie müssen sie mehrmals wiederholen.

Wenn der Wutanfall als Reaktion auf ein Verbot erfolgt, sollten Sie die Ursache für die Wut Ihres Kindes nicht woanders suchen. Sagen Sie dem Kind, daß Sie sich darüber im klaren sind, daß Sie möglicherweise einen Wutanfall beim Kind auslösen, wenn Sie ihm Grenzen setzen. Wenn Sie aber der Meinung sind, daß Grenzen erforderlich sind, müssen Sie auch darauf beharren. Gehen Eltern der Erkenntnis aus dem Weg, daß sie durch ihre Verbote den Wutanfall ausgelöst haben, machen sie es dem Kind nur noch schwerer, seinen Zorn zu überwinden.

Wird der Gefühlsausbruch des Kindes durch ein Verbot provoziert, das die Eltern im nachhinein nicht für erforderlich halten – und wir möchten wiederholen, daß Grenzen nur da gesetzt werden sollten, wo sie wirklich nötig sind –, sollten Eltern es zurücknehmen. Erzählen Sie Ihrem Kind, daß Sie über das Ganze noch einmal nachgedacht und Ihre Meinung geändert haben. Sagen Sie ihm aber auch, daß Sie sich nicht besonnen haben, weil es ausgerastet ist, sondern weil Sie glauben, daß das Verbot doch nicht nötig ist.

Wir haben gesagt, daß es dem Kind schaden kann, wenn es bei einem Wutanfall allein auf sein Zimmer geschickt wird. Dann kommt zu dem Trauma des Jähzornesausbruchs noch die traumatische Erfahrung, ausgerechnet dann alleingelassen zu werden, wenn das Kind sich am Boden zerstört fühlt.

Es kann jedoch auch Zeiten geben, in denen diese Trennung gerechtfertigt ist, nämlich dann, wenn die Eltern Angst haben, selbst die Kontrolle zu verlieren und das Kind zu mißhandeln. Wir empfehlen Eltern, dem Kind zu sagen, warum es gehen muß. Wenn es auf sein Zimmer geschickt wird, hat das Kind höchstwahrscheinlich das Gefühl, den Eltern gegenüber unerträglich zu sein. Es ist wichtig, hier mutig und offen mit dem Kind zu reden und ihm zu sagen, daß die Mutter selbst Angst hat, außer Kontrolle zu geraten. »Du treibst mich die Wände hoch, und ich kann dir jetzt nicht helfen. Ich habe wirklich Angst, dir etwas anzutun. Aus dem Grund gehe ich jetzt eine Weile in mein Zimmer, und du gehst in deines.« Wenn Ihr Kind Sie in Rage bringt, sollten Sie es das wissen lassen, selbst wenn es sich darüber aufregt oder vielleicht nicht hören kann, was Sie da sagen.

Unter diesen Umständen ist es unbedingt erforderlich, daß die Eltern mit dem Kind sprechen, nachdem der Wutanfall abgeklungen ist. Sie sollten sagen, daß sie bedauern, das Kind auf sein Zimmer geschickt zu haben, und auch den Grund dafür nennen: daß nämlich das Kind sie so aufgeregt hat, daß sie befürchteten, etwas zu tun, das sie später bedauern würden. Wir möchten noch hinzufügen, daß die Eltern es sich und dem Kind dann zur Aufgabe machen können, sich um jeden Preis zu kontrollieren, wenn sie so heftigen Ärger empfinden. Alle Eltern werden irgendwann wütend, denn wir alle erleiden immer wieder Dinge, die extreme Unlust in uns auslösen. Wir müssen als Eltern lernen, unsere Feindseligkeit angemessen zu kontrollieren, wenn sie wachgerufen wird.

Wir möchten dieses Kapitel über den Umgang mit Wutanfällen und Jähzornesausbrüchen mit der Empfehlung abschließen, daß Eltern, nachdem der Wutanfall abgeklungen ist, mit ihrem Kind über die Ereignisse reden, die dazu geführt haben, und ihm auch sagen, daß es lernen muß, besser mit solchen Ausbrüchen umzugehen. Eine Rückschau der Ereignisse, die den Wutanfall verursacht haben und die jederzeit wieder auftreten können, hilft den Streß abzubauen, den diese Erlebnisse bedeuten, und beugt Wiederholungen vor. Natürlich raten wir Eltern, tröstend und respektvoll mit ihrem Kind zu sprechen, statt ihm moralische oder strafende Vorträge zu halten.

8 Dem Kind helfen,
schmerzliche Gefühle zu bewältigen

Der Umgang mit Angst

Frau J. war konsterniert. Als aufmerksame und einfühlsame Mutter hatte sie ihrem dreijährigen Sohn Kenny gesagt, daß sie einkaufen gehen würde, während er seinen Mittagsschlaf hielt, daß die Großmutter auf ihn aufpassen und sie selbst bald zurück sein würde. Als sie zurückkam, stand Kenny am Fenster und schenkte ihr, als er sie sah, ein strahlendes Lächeln. Er war eindeutig glücklich darüber, sie zu sehen. Aber als sie mit ihren Taschen ins Haus ging, brüllte er los und war absolut wütend auf sie! Gut, er ärgerte sich heftig darüber, daß sie weg gewesen war, aber sie hatte es ihm doch erzählt!

Wir sagten ihr, es sei für ihren Sohn eine Hilfe gewesen, daß sie ihn über ihr Weggehen unterrichtet habe. Aber diese Vorbereitung konnte nicht verhindern, daß er intensive Trennungsängste empfand, die Feindseligkeit in ihm auslösten. Als er seine Mutter sah, war er sehr erleichtert und froh. Doch als er dann sicher war, daß sie wieder zurück war, trat der Ärger zum Vorschein, den die Angst erzeugt hatte. Weil er sich mit seiner Mutter sicher fühlte, konnte er ihr deutlich zeigen, was er empfand!

Die entscheidende Aussage im Gedächtnis behaltend, daß extreme Unlust Feindseligkeit erzeugt, wollen wir Eltern helfen, sich der Tatsache bewußt zu werden, daß Menschen von den ersten Lebensmonaten an imstande sind, Gefühle zu empfinden, die sehr schmerzlich sind. Kinder können schon ab Mitte des ersten Lebensjahres mit Sicherheit Angst empfinden und sich schmerzlich unbefriedigt und alleingelassen fühlen.

Weil solche emotionalen Reaktionen sehr qualvoll sein können, möchten wir Eltern helfen, so einzugreifen, daß diese Erfahrungen abgeschwächt werden und damit auch weniger Feindseligkeit erzeugen und mobilisieren. Wir möchten Eltern darin unterstützen, übertriebenen Ängsten vorzubeugen, dem Kind zu helfen, mit seiner aktuellen Angst konstruktiv umzugehen, und ihnen beibringen, wie sie auftretende Angstreaktionen mit dem Kind durcharbeiten können.

Ähnlich werden wir auch in bezug auf depressive Gefühle vorgehen. Auch wenn es noch weitere emotionale Reaktionen gibt, die Schmerz hervorrufen – Neid, Eifersucht, Furcht und Scham –, werden wir uns damit nicht direkt auseinandersetzen. Wir hoffen, daß Eltern, die Angst und Depression verstehen und damit umgehen können, auf dieser Grundlage auch Wege finden, mit anderen schmerzlichen emotionalen Reaktionen konstruktiv zurechtzukommen.

Ängstlichkeit ist das Gefühl des Kindes, angesichts dessen, was es als Gefahr erlebt, hilflos zu sein. Wenn dieses Gefühl intensiv ist, erzeugt es Feindseligkeit, da es als sehr schmerzhaft erlebt wird. Es ist wichtig, daß Eltern wissen, wie Angst bei ihrem Kind aussieht, wie sie sich äußert und anfühlt. Sie sollten auch darüber unterrichtet sein, welche Erfahrungen es sind, die im allgemeinen beim Kind Angst auslösen.

Bei Kindern unter fünf Jahren sind die häufigsten Quellen von Angst: Trennungen von den Eltern; fremde Menschen; Angst, die Liebe der Eltern zu verlieren; Furcht vor körperlichen Verletzungen; drohender Verlust der eigenen Autonomie und des Selbstgefühls. Wir werden auch kurz ansprechen, was Kindern über fünf Jahren und Jugendlichen angst macht. All diesen Situationen ist gemeinsam, daß das Kind oder der Jugendliche sich hilflos und verletzlich fühlt. Deswegen hilft es dem Kind, wenn es weiß, daß es bei seinen Versuchen, mit Erfahrungen umzugehen, die es hilflos machen, nicht allein ist. Bemühen Sie sich, Ihr Kind – auch wenn es schon älter ist – vor, während und nach Angstreaktionen zu trösten, das heißt, sowohl über die Angst des Kindes (oder des Jugendlichen) als auch über die dadurch entstandene oder in Gang gesetzte Feindseligkeit zu sprechen und sich damit auseinanderzusetzen.

Während Angst das Gefühl von Hilflosigkeit angesichts einer inneren, undefinierbaren Gefahr ist, stellt Depression die Reaktion auf das erfolgte Ereignis dar. Die drohende Gefahr ist Wirklichkeit geworden, und jetzt entstehen Gefühle von Hilflosigkeit, Hoffnunsglosigkeit sowie der Wunsch, aufzugeben. Da eine starke Depression als schmerzlich empfunden wird, erzeugt sie ebenfalls Feindseligkeit. Besonders deutlich wird das daran, daß Kinder, die sich von ihrer Depression erholt haben, als erstes ärgerlich oder sogar offen feindselig und destruktiv werden.

Es ist wichtig, zu wissen, wie sich Depressionen bei Ihrem Kind oder Jugendlichen äußern, und daß man sich diese Gefühle eingesteht, wenn sie auftreten. Der nächste hilfreiche Schritt besteht darin, herauszufinden, wo die Ursache für die depressiven Gefühle des Kindes oder Jugendlichen liegen könnte. Der Verlust eines geliebten Menschen, eine schwere Enttäuschung, ständige mangelnde Befriedigung grundlegender Bedürfnisse und das Gefühl des Kindes, schlecht zu sein oder nicht akzeptable Dinge zu tun, sind die häufigsten Ursachen für eine Depression. Wo möglich, hilft es natürlich am besten, wenn wir die Ursachen für die Depression ausschalten können. Ist das ausgeschlossen, sollten Sie sich bemühen, Ihr Kind (oder Ihren Teenager) zu trösten und für es dazusein. Das heißt, daß Sie sich ihm sowohl mitfühlend zuwenden als auch mit ihm über seine Depression und die Feindseligkeit sprechen, die diese Niedergeschlagenheit ausgelöst oder in Gang gesetzt hat.

Insgesamt möchten wir Eltern helfen, mit ihren Kindern einen emotionalen Dialog über schmerzliche Gefühle zu entwickeln. Zuerst erläutern wir den Umgang mit Angst und kommen dann auf das Verhalten bei Depression zu sprechen.

Grundlagen

Angst – das Gefühl des Kindes, angesichts dessen, was es als Gefahr erlebt, hilflos zu sein – ist eine sehr häufig auftretende Gefühlssituation. Ganz deutlich zeigt sie sich etwa ab der Mitte des ersten Lebensjahres, auch wenn einige Kinder bereits mit vier Monaten zu erkennen geben, daß sie Angst haben. Wir müssen uns mit diesem Gefühl konstruktiv auseinandersetzen, vor allem wenn es in extremer Form auftritt, wie wir es als Panikreaktion kennen. Angst ist äußerst schmerzlich und erzeugt deswegen Feindseligkeit. Diese Feindseligkeit muß sich nicht unbedingt direkt im Verhalten des Kindes zeigen. Das Kind kann sie gegen sich selbst richten oder wird reizbar und launisch. Sie kann aber auch unmittelbar zum Ausdruck gebracht werden. In ihrer extremen Form, als Panikreaktion, erzeugt Angst mit Sicherheit Feindseligkeit. Selbst wenn die Angst sich gelegt hat, kann sie als Folgereaktion Ärger – und sogar Wut – nach sich ziehen, der sich auflöst, wenn er durchgearbeitet wird. Wird Angst nicht verarbeitet, klingt die ausgelöste Feindseligkeit wahrscheinlich nicht vollständig ab.

Eingreifende Schritte

Als erstes ist es wichtig, daß Eltern versuchen herauszufinden, wie Angst bei ihrem Kind aussieht, wie sie sich anfühlt und äußert. Wenn sie wissen, wann ihr kleines Kind Angst hat, werden sie das auch später beim Jugendlichen erkennen. Um die Angst des eigenen Kindes erkennen zu können, müssen die Eltern sich in das Kind einfühlen. Bei Angst, Depression und allen schmerzlichen Gefühlen ist es von primärer Bedeutung, daß die Eltern versuchen, wahrzunehmen und mitzufühlen, was ihr Kind empfindet.

Unter Psychologen gilt Angst als »das Gefühl eines drohenden Verhängnisses«. Wahrscheinlich fällt es den meisten Eltern nicht schwer, Angst in ihrer extremen Form – als Panik – zu erkennen. Stellen Sie sich einfach vor, daß Sie selbst in Panik geraten. Wie fühlen Sie sich? Wie sehen Sie aus? Wie äußern Sie sich? Ähnlich wird sich auch Ihr Kind verhalten.

In milderen Stadien der Angst wirkt das Kind wahrscheinlich besorgt, erschrocken oder verwirrt. Wie es sich konkret äußert, hängt von seinem Alter ab. Das ältere Kind kann seine Furcht und Besorgnis verbal zum Ausdruck bringen. Wenn das Kind aber noch nicht sprechen kann, müssen die Eltern sich an nonverbalen Tönen wie Weinen, Wimmern und ängstlichen Ausrufen orientieren. Was die Körpersprache betrifft, so wird ein kleines Kind (ab vier Monaten) sich häufig an die Eltern klammern, und zwar mit einer Heftigkeit, die für diese durchaus unangenehm sein kann.

Erinnern Sie sich daran, daß es zwei grundlegende Möglichkeiten gibt, Ihr Einfühlungsvermögen zu schulen. Die erste besteht darin, dem Kind zuzuhören, es zu betrachten und zu fühlen, was es empfindet. Fragen Sie sich, was Sie empfinden würden, wenn Sie so aussähen, sich so äußerten und so fühlten wie Ihr Kind. Mit anderen Worten: Versetzen Sie sich in Ihr Kind hinein, und überlegen Sie sich, wie Sie sich wohl fühlen würden.

Der zweite Weg verläuft in umgekehrter Richtung. Fragen Sie sich, wie Sie aussehen, sich äußern und fühlen würden, wenn Sie angesichts einer Gefahr Hilflosigkeit empfinden oder in Panik geraten würden. Überprüfen Sie dann, ob Ihr Kind ähnlich auf Sie wirkt. Wählen Sie den Weg, der Ihnen am besten entspricht.

Es ist unmöglich, das Auftreten von Angst völlig auszuschalten. Wahrscheinlich ist das noch nicht einmal empfehlenswert. In jedem Fall können Eltern trotz all ihres Bemühens nicht verhindern, daß ihr Kind Angst hat. Wenn Sie jedoch sehen, daß Ihr Kind sich fürchtet, sollten Sie versuchen, zu verhüten, daß seine Angst stärker und intensiver wird, häufiger auftritt und unbesprochen bleibt. Um übertriebener Angst vorbeugen zu können, müssen wir wissen, welche Erfahrungen in frühen Jahren am häufigsten Angst auslösen.

Psychologen gehen davon aus, daß Angstreaktionen in bestimmten Entwicklungsphasen normal sind. Diese Reaktionen sind von psychoanalytisch-klinischen Forschern systematisch als Antwort auf eine ganze Reihe von emotional empfundenen Gefahren erfaßt worden, die sich im Verlauf einer normalen Entwicklung nacheinander einstellen. Wir möchten noch einmal betonen, daß es hier um *normale* Reaktionen geht.

Am genauesten wurde bislang die Folge von normalen kindlichen Angstreaktionen beschrieben, die mit der Trennungsangst und dem »Fremdeln« beginnt. Diese Ängste zeigen sich etwa im Alter von fünf bis sechs Monaten und dauern mehrere Jahre. Bis zu einem gewissen Grade verlieren wir sie als Menschen nie. Diese Ängste treten aus folgendem Grund auf: Nachdem das fünf bis sechs Monate alte Kind eine emotionale Bindung zur Mutter entwickelt hat, bekommt es Angst, wenn die Mutter geht. Das liegt daran, daß das kleine Kind sich in diesem Alter das Bild der Mutter noch nicht innerlich bewahren kann, wenn diese nicht anwesend ist; deswegen hat das Kind das Gefühl, daß die Mutter verschwunden ist, also nicht mehr existent ist.

Die zweite verbreitete Quelle von Angst ist der drohende Verlust der Elternliebe. Diese Angst taucht vor allem vom Ende des ersten bis einschließlich des zweiten Lebensjahres auf. Auch diese Angst begleitet Menschen in ihrem Leben auf unbestimmte Zeit weiter.

Die dritte Hauptquelle von Angst sind drohende körperliche Verletzungen und der mögliche Verlust wichtiger Körperteile, vor allem der Genitalien. Diese Angst kann sich bei einigen Kindern in der zweiten Hälfte des zweiten Lebensjahres einstellen. Meistens zeigt sie sich im Alter von etwa zweieinhalb Jahren und bleibt bis zum fünften oder sechsten Lebensjahr akut, um danach allmählich wieder abzuklingen. Wie die anderen Ängste kann aber auch diese Angst in einem Menschen mehr oder weniger stark ausgeprägt auf unbestimmte Zeit fortwirken.

Diese Hauptängste zeigen sich allgemein im Verhalten von Kindern unter fünf Jahren. Ein Beispiel: Der Reißverschluß an der Hose des zweieinhalbjährigen Robbie war offen. Als die Mutter das sah, rief sie ihn zu sich und zog den Reißverschluß behutsam zu, ohne sich dabei etwas zu denken. Robbie entzog sich seiner Mutter heftig und sah dabei ganz erschrocken aus. Es ist nichts Ungewöhnliches, daß Jungen in diesem Alter eine akute Angst in Situationen zeigen, die sie als Gefahr für ihren Penis mißdeuten. Ein noch jüngeres Kind, beispielsweise 16 Monate alt, kann in Tränen ausbrechen und sich an die Mutter klammern, wenn diese sich auf den Weg zu ihrer Arbeit macht. Seine Verzweiflung hat eindeutig mit der Trennung von der Mutter und der dadurch ausgelösten Angst zu tun.

Im Alter von zwei bis drei Jahren sind die Gründe für die Angst des Kindes manchmal schwer zu erkennen und vielleicht sogar ihm selbst nicht bekannt. Ein dreijähriges Kind kann sich zum Beispiel weigern, ins Bett zu gehen, und hat Angst vor der Dunkelheit und/oder dem Einschlafen. Vielleicht ist nicht klar ersichtlich, ob das Kind mit Trennungsängsten, Angst vor Liebesverlust oder Furcht davor zu kämpfen hat, daß es für seine feindseligen oder aggressiven Gedanken bestraft wird. Die ängstliche Phantasie des Vierjährigen, ein großer, schwarzer Bär könne kommen und ihn holen, beruht wahrscheinlich auf ödipalen Konflikten und der Rivalität mit dem Vater oder auf

Kastrationsängsten. Das Kind jedoch ist sich dieser Gründe nicht bewußt.

Auch andere quälende Phänomene – wie Phobien, Alpträume und Schlafstörungen – gehen einher mit sehr viel Angst, ohne daß deutlich wird, aus welchen Quellen diese Angst entspringt.

Außer Ängste zu entwickeln, die aus einem nicht geklärten inneren Konflikt erwachsen, zeigen kleine Kinder oft auch auf bestimmte äußere Reize starke Reaktionen, die wie Angst wirken und ihnen sehr viel Schmerz und extreme Unlust bereiten. Zwei- und dreijährige Kinder reagieren zum Beispiel oft ängstlich und erschrocken auf laute Geräusche wie Sirenen, bellende Hunde, aufheulende Motorräder und Streitigkeiten zwischen den Eltern. Diesen Furchtreaktionen kann beträchtlich abgeholfen werden, wenn die Eltern einfühlsam damit umgehen.

All diese Erfahrungen gehen einher mit extremer Unlust und sind deswegen potentielle Auslöser für Feindseligkeit im Kind. Auch wenn die Feindseligkeit sich nicht direkt zeigt, gehen wir davon aus, daß eine Erfahrung, die heftigen Schmerz auslöst, feindselige Gefühle im Kind weckt, selbst wenn diese Gefühle sich nicht sofort in seinem Verhalten zeigen oder entladen werden.

Diese Erfahrungen schaffen eine Situation, in der das Kind sich mehr oder weniger hilflos und verletzlich fühlt. Eine entscheidende Hilfe besteht also darin, ihm zu zeigen, daß es nicht allein ist bei seinem Versuch, mit den Ursachen seiner Hilflosigkeit zurechtzukommen. Auch dies ist eine Gelegenheit für Eltern, dem Kind unterstützend die Hand zu reichen. Es ist sehr wohltuend für das Kind, wenn es spürt, daß die Eltern sich bemühen, ihm beim Umgang mit Gefahr und Angst zu helfen.

So kann zum Beispiel ein vierjähriger Junge aus einem angstmachenden Traum erwachen, in dem ihn ein großer Bär gejagt hat. Vielleicht verstehen die Mutter oder der Vater den Traum nicht – und wenn doch, ist die Interpretation sehr vage und sollte mit Vorsicht genossen werden. Aber selbst wenn die Eltern sich um die Bedeutung des Traumes keine Gedanken machen, kann das Kind sich getröstet fühlen durch freundliche Worte wie: »Das war aber wirklich ein schrecklicher Traum. Du hast Angst, nicht wahr? Mutti und ich sind ja hier, um dir jederzeit zu helfen. Und, hier sind keine Bären …« Diese

Versicherung und der Trost der Eltern helfen, die Angst des Kindes zu verringern.

Wichtig ist, daß Eltern lernen, Angst und Furcht von störrischem Verhalten zu unterscheiden, das am besten mit dem Satz »Ich will aber wollen!« beschrieben wird. Eltern müssen auf beide Verhaltensäußerungen eingehen, wenn auch in ganz unterschiedlicher Form. Ein Weinen, das durch Angst oder Furcht ausgelöst wird, verlangt, daß die Eltern mit dem Kind über das sprechen, was es so aufgebracht macht, und daß sie es beruhigen und trösten. Störrisches Verhalten hingegen erfordert energische und angemessene Grenzen.

Aber wie können Sie erkennen, ob das Kind Angst hat oder trotzig ist? Eltern sollten sich auf ihr einfühlendes Gespür für die Erfahrungen des Kindes verlassen. Wie wir bereits empfohlen haben, sollten Sie sich möglichst gut in das Kind hineinversetzen. Wenn Sie sich so wie das Kind verhalten würden, wie würden Sie sich fühlen? Ängstlich und hilflos? Oder wie die verwöhnte Prinzessin, der ein Wunsch abgeschlagen wird?

Es ist wesentlich, daß Eltern dem vertrauen, was sie den emotionalen Reaktionen ihres Kindes entnehmen, und daß sie sich auf die Gefühle verlassen, die das Kind in ihnen auslöst.

Vieles von dem, was wir in diesem Buch erläutern, ist an Eltern von Kindern unter sechs Jahren gerichtet. Trotzdem ist ein Großteil davon auch für Eltern von älteren Kindern und Jugendlichen gültig, auch wenn das Gesagte dem Alter des Kindes entsprechend abgewandelt werden muß. Lassen Sie uns also mit unserer Aufzählung von angstmachenden Situationen fortfahren und uns jetzt denen zuwenden, die Kinder über sechs Jahre betreffen.

Eine vierte wichtige Quelle von Angst hängt eng zusammen mit der Furcht vor dem Verlust der elterlichen Liebe: die drohende Ablehnung durch unser eigenes Gewissen. Während des vierten bis sechsten Lebensjahres entwickelt sich das kindliche Gewissen so weit, daß das Kind davon gesteuert wird. An diesem Punkt ziehen grenzüberschreitende Wünsche und Handlungen starke Schuldgefühle nach sich. Schuld ist Ausdruck der Mißbilligung unseres eigenen Gewissens. Wir alle wissen, wie quälend Schuldgefühle sein können. Während der Zeit vom fünften bis zum zehnten Lebensjahr ist die drohende Mißbilligung durch unser Gewissen, das sich gerade erst entwickelt hat und sich allmählich festigt, eine äußerst starke Quelle von Angst.

Ein fünfter wesentlicher Angstauslöser zeigt sich während der Pubertät: die Angst, dem enormen Druck unserer Sexualität ausgeliefert zu sein. Damit geht die Angst einher, die durch das Heranreifen des eigenen Körpers ausgelöst wird, der jetzt so viel Kraft hat, daß wir unsere eigenen Aggressionen tätlich umsetzen könnten. Wenn der Vater sich dem 15jährigen Sohn gegenüber feindselig verhält, nimmt der Sohn seinen Wunsch, sich am Vater zu rächen, als äußerst bedrohlich wahr, da er körperlich jetzt eher in der Lage ist, diese Impulse umzusetzen. Die Phantasie, seinen Vater umzubringen, kann alarmierend und damit eine Hauptquelle von Angst während des Jugendalters sein.

Es gibt noch einige weitere Quellen der Angst, die im Lauf der Entwicklung zutage treten – der drohende Verlust der eigenen Autonomie und des Selbstgefühls oder die Furcht des Heranwachsenden, von Gleichaltrigen abgelehnt zu werden. All diese Ängste fordern von den Eltern Geduld und das Bemühen um Verständnis. Angst ist schmerzlich, aber selbst wenn Eltern nicht immer imstande sind, sie aufzulösen, können sie durch ihre Art, dem Kind damit umgehen zu helfen, die Auswirkungen auf das Kind abschwächen.

Der Umgang mit der Angstreaktion

Wir wollen im folgenden das Verhalten bei einer Angstreaktion erörtern. Nehmen wir an, Sie haben ein neun Monate altes Kind und wollen gerade zur Arbeit oder zu einer Verabredung aufbrechen. Ihr Kind weint, zittert und klammert sich vielleicht verzweifelt an Sie. Sie wissen, daß diese Reaktion durch die Tatsache ausgelöst wurde, daß Sie gerade gehen wollten. Sie sind jetzt sehr durcheinander und überlegen sogar, Ihren Termin oder Ihre Verabredung abzusagen, weil Sie Schuldgefühle haben und sich durch das Verhalten Ihres kleinen Kindes hin- und hergerissen fühlen.

Wenn Sie unbedingt gehen müssen, sollten Sie Ihrem Kind das auch sagen. Ja, sprechen Sie mit einem neun Monate alten Kind. Erzählen

Sie ihm, wohin Sie gehen müssen und warum das wichtig ist. Sagen Sie Ihrem Kind, daß Sie bald zurücksein werden und wann Sie kommen – und erläutern Sie ihm das Wann verständlich. »Mutti ist zurück, bevor du schlafen gehst«, oder: »Mutti ist noch vor dem Abendessen zurück«.

Teilen Sie dem Kind auch mit, daß die Person, die es in Ihrer Abwesenheit betreut, gut auf es aufpassen wird und daß Sie sich jetzt auf den Weg machen werden. Es ist auch sinnvoll, dabei das Kind zu trösten, selbst wenn das nicht so wirkungsvoll erscheint, wie Sie es sich wünschen würden. Tatsächlich kann es sein, daß Ihr Kind sich nicht beruhigt, bevor Sie gehen, und Sie haben vielleicht das Gefühl, daß alle Ihre Bemühungen vergeblich sind.

Unsere jahrelange Arbeit mit Müttern und ihren Kleinkindern hat uns ganz deutlich gezeigt, daß die Anstrengungen einer Mutter, das Kind zu trösten und bei Angst zu beruhigen, vielleicht nicht sofort Wirkung zeigen, auf lange Sicht gesehen aber eine feste Basis dafür schaffen, daß das Kind Sicherheit und Vertrauen empfindet und sich umsorgt fühlt. Durch dieses Vertrauen werden die Angst und Unlust, die das Kind in Zeiten der Trennung erlebt, und damit auch die Entstehung von Feindseligkeit eingedämmt.

Es gibt Zeiten, in denen Sie die Angst Ihres Kindes nicht lindern können. Trotzdem sollten Sie sich bemühen, ihm zu helfen, denn langfristig wirkt sich das positiv aus, auch wenn Sie die Quelle der kindlichen Angst nicht beseitigen und dem Kind seine Verzweiflung nicht nehmen können. Das Beste, was Sie bei einem ängstlichen Kind erreichen können, ist, ihm das Gefühl zu vermitteln, daß Sie sich bemühen, zu helfen und seine Angst zu mildern.

Der zweite Schritt, um ein Kind von Angst zu befreien, seine Angst zu überwinden oder zu verringern, besteht darin, die Angstreaktion durchzuarbeiten, wenn sie im Schwinden begriffen ist oder aufgehört hat. Um das zu verdeutlichen, kehren wir noch einmal zu der Mutter zurück, die zur Arbeit gehen und deswegen ihren 16 Monate alten Jungen zurücklassen mußte.

Sie haben Ihr Kleinkind weinend zurückgelassen. Sie fühlten sich unwohl und hatten schreckliche Schuldgefühle. Insgesamt betrachtet war das eine schwierige Situation. Jetzt sind Sie auf dem Rückweg nach Hause und fühlen sich nicht ganz wohl bei dem Gedanken, Ihrem Kind zu begegnen. Sie betreten das Haus, und sowie Ihr Kind Sie sieht, zeigt es ein strahlendes Lächeln und streckt begierig die Arme nach Ihnen aus. Ganz erleichtert eilen Sie auf Ihr Kind zu, nehmen es hoch und umarmen es liebevoll. Einen Augenblick später schlägt das Kind auf Sie ein. Oder es beginnt zu nörgeln und Sie in der einen oder anderen Weise zu verärgern.

Wir schließen aus diesem häufig vorkommenden Ablauf folgendes: Das Kind ist sehr erleichtert, Sie zu sehen, und bei Ihrem Anblick überglücklich. Aber dann tritt die Erinnerung an seinen Schmerz wieder in den Vordergrund, und es ist wütend auf Sie. Auch wenn Sie wahrscheinlich müde sind, stehen Sie jetzt vor der Aufgabe, sich mit einem verärgerten 16 Monate alten Kind auseinanderzusetzen. Ja, der Bursche ist wütend auf Sie. Das hat Ihnen gerade noch gefehlt!

Tatsache ist, daß die Willkommensreaktion Ihres Kindes – sowohl die Liebe, die es Ihnen zeigt, als auch sein Ärger – darauf beruht, daß Sie wichtig für es sind. Die Trennungsangst war äußerst schmerzlich für das Kind und hat bei ihm extreme Unlust und infolgedessen auch Feindseligkeit ausgelöst. Da Sie der Anlaß für seinen Schmerz waren, richtet sich jetzt auch die Feindseligkeit des Kindes gegen Sie.

Statt als zusätzliche Belastung für Sie sehen wir diese unerfreuliche Begegnung als große und wichtige Chance, und zwar in mehrfacher Hinsicht. Erstens ist sie eine Gelegenheit, dem Kind zu helfen, etwas über die Realitäten des Lebens zu lernen. Zweitens kann es in dieser Situation etwas über Beziehungen erfahren, daß nämlich Menschen, die sich lieben, auch wütend aufeinander sein können, ohne daß das der Liebe zwischen ihnen Abbruch tut. Außerdem bietet sich Ihnen die Möglichkeit, mit dem Kind über mehrere Dinge zu sprechen: was es so aufgebracht macht; warum Sie sich so verhalten mußten, wie es der Fall war; was Sie bei dem Kind spüren; wie Sie die Tatsache bekümmert, daß es so verletzt ist; daß Sie, auch wenn Sie seinen Ärger verstehen, nicht zulassen werden, daß es Sie schlägt; und anderes mehr. Die Situation ist eine günstige Gelegenheit, darüber zu reden, was die Ursache für den inneren Aufruhr und den Ärger des Kindes ist, und in diesem Rahmen können die Eltern das Kind beruhigen und trösten. Es besteht die Chance, die Verletzung zu heilen, die durch die Angst entstand, und die Feindseligkeit abzubauen, die ausgelöst wurde.

Wir möchten mit Nachdruck betonen, wie wichtig es ist, daß das Kind sich beklagen darf. Wenn wir dem älteren Kind erlauben, seine Erfahrungen noch einmal durchzugehen und darüber zu sprechen, wird das potentielle Trauma, das dieses Erlebnis birgt, abgeschwächt. Wichtig ist auch, dem Kind zu erlauben, seinen Ärger zum Ausdruck zu bringen, und zwar so, daß es für Sie akzeptabel ist. Wird dem Kind verboten, seinen Ärger zu zeigen, kann es seine Feindseligkeit auch nicht verarbeiten, und die Last dieser Gefühle wird noch größer. Natürlich können Vorfälle wie dieser es auch nötig machen, daß Sie Grenzen setzen, um Ihrem Kind zu zeigen, wie es feindselige Gefühle angemessen und akzeptabel ausdrücken kann.

Der Umgang mit Depressionen

Wir sahen Richie zum erstenmal mit 14 Monaten. Er wirkte, als wäre er erst acht Monate alt. Sein Gesicht sah schrecklich traurig und schmerzvoll aus, seine Augen waren stumpf und schienen durch uns hindurchzublicken. Eingeschüchtert saß er auf dem Boden, wo seine Pflegemutter ihn neben sich gesetzt hatte, und obwohl überall Kinder herumsprangen und viel Spielzeug herumlag, rührte er sich nicht von der Stelle. Er sah uns mißtrauisch an. Wir erfuhren, daß er bis zum Alter von einem halben Jahr fröhlich, ja sogar reizend und kontaktfreudig gewesen war und sich körperlich und emotional sehr gut entwickelt hatte. Dann kam es zu ernsten Problemen in seiner Familie: Der Vater verließ die junge Mutter und das Kind. Die Mutter geriet völlig aus dem Gleichgewicht. Sie zog sich emotional von dem Kind zurück und mißhandelte es körperlich. Richie wurde für ein gutes halbes Jahr in einem Heim untergebracht und kam dann in eine Pflegefamilie.

Wir wollen mit dieser Geschichte folgendes darstellen: Als Richie zu genesen begann und seine Depressionen nachließen, verhielt er sich ungebärdig und destruktiv. Er warf unkoordiniert mit Spielsachen um sich, als wäre ihm nicht klar, daß er damit jemanden verletzen oder Dinge beschädigen könnte. Er hatte bei den geringsten frustrierenden Anlässen heftige Wutausbrüche wie beim Spielen mit einem reizenden dreijährigen Mädchen, das sich ganz offensichtlich darum bemühte, daß er sich besser fühlte. Wenn kleine Kinder von Depressionen genesen, kann eines der ersten Anzeichen für ihre Heilung darin bestehen, daß sie wütend werden und sich vielleicht sogar offen feindselig und destruktiv verhalten.

Unser Ziel ist hier, Eltern dabei zu helfen, unnötige Depressionen zu verhindern, ihnen zu zeigen, wie sie ihren Kindern beibringen können, mit unvermeidbaren Depressionen umzugehen sowie depressive Erlebnisse zu verarbeiten.

Grundlagen

Depressionen können mehrere Ursachen haben. Manche Menschen tendieren von ihrer genetischen Veranlagung her leichter zu Depressionen als andere. Bestimmte Formen von Depression gehen einher mit äußerst starkem Schmerz und führen zu erheblichen Problemen. Aber ob wir nun mit einer genetischen Tendenz zu Depressionen geboren werden oder nicht, unsere Erfahrungen als Menschen konfrontieren uns mit Traumen, die bei uns allen depressive Gefühle auslösen können. Die meisten Psychologen glauben, daß es für alle menschlichen Wesen von grundlegender Bedeutung ist, zu lernen, mit Gefühlen wie Angst und Depression umzugehen. Depressionen sind unvermeidbar, wenn auch die Veranlagungen und die Lebenserfahrungen eines Menschen Intensität, Häufigkeit und Dauer seiner depressiven Reaktionen bestimmen.

Angst ist das Gefühl von Hilflosigkeit angesichts einer inneren, undefinierbaren Gefahr, das Gefühl eines drohenden Verhängnisses. Einige Psychologen beschreiben Depressionen als nachträgliche Reaktion auf solche verhängnisvollen Ereignisse. So empfindet das 16 Monate alte Kind zum Beispiel Trennungsangst als ein Gefühl von Hilflosigkeit bei der Aussicht, daß die Mutter nicht da ist. Depression hingegen ist das Verlustgefühl, das es empfindet, wenn die Mutter nach einer gewissen Zeit nicht zurückkehrt. Die drohende Gefahr ist Wirklichkeit geworden, und das Kind fühlt sich nicht nur hilflos, sondern auch ohne Hoffnung. Es gibt auf.

Eltern müssen unbedingt wissen, daß Kinder selbst von den ersten Lebensmonaten an unter depressiven Gefühlen leiden können. Ab sechs bis acht Monaten können Kleinkinder intensive Gefühle empfinden, die wie Traurigkeit wirken, und innerhalb der nächsten Monate voll entwickelte depressive Reaktionen zeigen. Wie immer die genetische Prädisposition eines Kindes aussehen mag, Gefühle von extremer Vernachlässigung, Ablehnung und mangelnder Zuwendung führen bei sämtlichen Säuglingen, Kindern oder Erwachsenen tendenziell zu Depressionen. Wenn das Kind erst einmal eine entsprechende Bindung zu seiner Mutter oder seinem Vater entwickelt hat – was meistens im Alter von fünf bis sechs Monaten der Fall ist –, führt der Verlust dieser Menschen, wenn kein befriedigender Ersatz gefunden wird, zu Depressionen. Hat ein Kind diese Bindung mit sechs Monaten noch nicht entwickelt, kommt es auch nicht zu dieser Form von depressiven Reaktionen. Aber das ist kein Trost, denn wenn ein fünf bis sechs Monate altes Kind noch keine spezielle Bindung an seine Mutter hat, kann das noch schwerwiegendere Folgen als eine Depression haben. Wir möchten hier verdeutlichen, daß Kleinkinder bereits ab Mitte des ersten Lebensjahres imstande sind, depressive Gefühle zu empfinden. Vor diesem Alter führen extreme Vernachlässigung und mangelnde Zuwendung nicht zu Depressionen, sondern zu Rückzug und vielleicht sogar dazu, daß diese Kinder nicht wachsen und gedeihen.

Depressionen können wie gesagt äußerst schmerzlich sein. Ihre akuten Auswirkungen sowie ihre Folgen für die Ausbildung und Entwicklung der Persönlichkeit sind dermaßen negativ, daß es jede Anstrengung lohnt, sich mit ihnen auseinanderzusetzen. Wir möchten unterstreichen, daß viele Psychologen schon seit geraumer Zeit einen Zusammenhang zwischen Depressionen und extremen Gefühlen von Feindseligkeit sehen, die das Individuum statt gegen andere gegen sich selbst richtet, ganz unabhängig davon, ob die Depression auf Schuld, Scham oder dem Verlust eines geliebten Menschen beruht.

Wir möchten hier betonen, daß nicht nur Haß und Feindseligkeit, die sich gegen die eigene Person richten, zu Depressionen führen, sondern diese, da sie so außerordentlich schmerzlich sind, meistens selbst ebenfalls Feindseligkeit erzeugen. Das trifft nicht zu, wenn der Selbsthaß auf Schuldgefühlen beruht, denn in diesem Fall wird er als Strafe erlebt, die die Schuldgefühle mildert. Dann wird der Schmerz der Depression begrüßt und ruft wahrscheinlich keine weitere Feindseligkeit hervor. Aber nicht alle Depressionen entstehen aufgrund von Schuldgefühlen. Und vor allem dann, wenn der Schmerz der Depression die Feindseligkeit verstärkt, können Eltern eingreifen, um ihren (kleinen) Kindern wirksam zu helfen. Noch ein weiterer klärender Hinweis: Klinisch gesehen geht die Auflösung von Depressionen immer mit einer Entladung feindseliger Gefühle einher, die offensichtlich mit der Depression zusammenhängen. Tatsächlich gilt die Möglichkeit, diese Feindseligkeit so auszudrücken und zu entladen, daß es für das Selbst akzeptabel ist, als grundlegend für die Genesung von Depressionen, und zwar sowohl die von Kindern als auch die von Erwachsenen. Wie diese depressionsgebundene Feindseligkeit sich ausdrücken und herausgelassen werden darf, ist wichtig für eine erfolgreiche Verarbeitung der Depression. So wissen wir zum Beispiel, daß Kinder, die von Depressionen genesen, im allgemeinen feindselig und schwierig im Umgang werden, was die Bezugspersonen vielleicht bewegt, sie abzulehnen und den erforderlichen Ausdruck von angestauter Wut und Haß zu verbieten. Das wiederum kann die Genesung der kindlichen Depression behindern.

Eingreifende Schritte

Wie sehen Depressionen bei Kindern nun aus? Die grundlegenden Merkmale von Depressionen oder depressiven Gefühlen äußern sich bei Kindern (selbst bei sehr kleinen Kindern) und Erwachsenen in gleicher Form. Nehmen wir an, Sie fühlen sich hoffnungslos. Wie würde sich das äußern? Oder stellen Sie sich vor, etwas sehr Schmerzliches und Traumatisches erlebt zu haben. Das Erlebnis muß nicht so tiefgreifend sein wie das, was Richie widerfahren ist. Versetzen Sie sich einfach in das Gefühl, einen Menschen verloren zu haben, der Ihnen sehr wichtig ist, oder eine schwere Enttäuschung erlebt zu haben, ohne die Hoffnung, sie jemals überwinden zu können. Das ist Depression.
Unter diesen Umständen sieht das kleine Kind traurig aus, und sein Blick ist leer. Wenn Sie sich erlauben, das zu fühlen, was der Ge-

sichtsausdruck des Kindes in Ihnen auslöst, werden Sie sich traurig und hoffnungslos fühlen. Wie Richie neigen depressive Kinder (und selbst acht bis neun Monate alte Babys) dazu, sich zurückzuziehen, sich passiv zu verhalten, sich langsam zu bewegen und auf Kontaktangebote eher lustlos zu reagieren. Manche Kleinkinder flüchten sich sogar in den Schlaf.

Depressive Kinder und selbst Kleinkinder, die krabbeln oder laufen, bewegen sich meistens langsam und schwerfällig. Richie blieb bei unserer ersten Begegnung mit seinen 14 Monaten einfach dort sitzen, wo man ihn hingesetzt hatte. Das Kind kann sich weigern zu essen, verlangt nicht nach Nahrung oder hat vielleicht noch nicht einmal Hunger und reagiert auch auf Angebote, es zu füttern, langsam und schwerfällig. Es ist überhaupt nicht schwer zu erkennen, wenn ein drei- oder siebenjähriges Kind sich depressiv fühlt.

Vor allem durch die Beobachtung eines dreijährigen Kindes, dessen Vater gestorben war, haben wir vor einigen Jahren feststellen können, daß es Erwachsenen sehr schwerfällt, die verschiedenen Zeichen zu lesen, mit denen Kinder ihren Schmerz zeigen. Von diesem Dreijährigen und auch anderen Kindern haben wir gelernt, daß ein Haupthindernis für Erwachsene, Depressionen bei Kindern zu erkennen, darin besteht, daß sie die schmerzlichen Gefühle des Kindes nicht wahrhaben wollen. Viele von uns können es sich kaum eingestehen, daß Kinder dermaßen leiden können. Diese Tatsache wird zum Problem bei dem Versuch, depressiven Kindern zu helfen.

Ein zusätzlicher Hinweis scheint uns hier gerechtfertigt. Wie das folgende Beispiel zeigt, haben nicht nur Eltern Schwierigkeiten, zu erkennen, wann ein kleines Kind depressiv ist. Vor einigen Jahren haben sich mehrere Kinderpsychiater als Vorbereitung für eine Fallpräsentation und Diskussion unter Fachleuten einen Videofilm angeschaut, den ein hochgeschätzter Kollege gedreht hatte, um zu zeigen, wie schwierig es für Kinder ist, sich den Tod eines Elternteils einzugestehen und damit zurechtzukommen. Der Film zeigte ein dreijähriges Mädchen bei seinen Aktivitäten im Kindergarten, und zwar unmittelbar nach dem Tod der Mutter, die an Krebs gestorben war. Durch mehrere Wiederholungen dieses Films stellten wir fest, daß das Kind fünfmal Anspielungen auf Krankenhäuser, Krankheit und seine Mutter machte und dabei jedesmal von einer wohlmeinenden

Kindergärtnerin unterbrochen wurde. Darüber werde jetzt nicht geredet, sagte man dem Kind. Was wir als Bemühen des Kindes erkannten, über die Krankheit seiner Mutter sowie deren Krankenhausaufenthalt und den Tod zu sprechen, wurde beiseite geschoben. Das Ganze ereignete sich in einem Kindergarten, der an eine psychiatrische Klinik und ein Forschungszentrum angeschlossen war. Wir haben hier nicht die Absicht, Kritik zu üben, sondern möchten vielmehr verdeutlichen, was uns daraus klargeworden ist. Einem depressiven Kind zu helfen, mit seinen Gefühlen, Gedanken und Phantasien umzugehen, ist für Erwachsene und sogar für Lehrer und möglicherweise auch für manche Psychotherapeuten extrem schwierig. Es ist ziemlich offensichtlich, daß wir einem Kind beim konstruktiven Umgang mit diesen Gefühlen nicht helfen können, wenn wir uns für seine Erfahrungen nicht öffnen.

Der erste Schritt dazu besteht darin, daß man weiß, wie Depressionen sich äußern und daß man sich eingesteht, daß das Kind darunter leidet!

Der Umgang mit der depressiven Reaktion

Als nächstes sollten wir herausfinden, wo die Ursache für die depressiven Gefühle eines Kindes liegt. Der Verlust eines geliebten Menschen, eine schwere Enttäuschung, die kontinuierliche Vernachlässigung grundlegender Bedürfnisse – nach Zuwendung, Schmusen und Liebesbeweisen – oder das Gefühl des Kindes, schlecht zu sein, das alles kann depressive Reaktionen heraufbeschwören. Bei einem drei- oder vierjährigen Kind kann auch ein Umzug, der Verlust eines lieben Freundes oder eines anderen geliebten Menschen (in diesem Fall nicht die Eltern) depressive Gefühle auslösen.

Wenn wir den Ursprung der Depression kennen, sollten wir ihn natürlich, wo möglich, beseitigen. Wenn ein kleines Kind zum Beispiel Anzeichen von Traurigkeit zeigt, weil die Mutter wegen einer Operation seit zwei Tagen im Krankenhaus ist, wäre es hilfreich, die Mutter anzurufen, damit das Kind ihre Stimme hören kann. Noch besser wäre, das Kind zu Besuch mit ins Krankenhaus zu nehmen, wenn Ihr Arzt und das Krankenhaus damit einverstanden sind (und wir möchten Eltern hiermit ermutigen, entsprechende Forderungen zu stellen). Ein kleines Kind, das traurig ist, weil die Mutter im Krankenhaus liegt, wird sich von diesen Gefühlen sicher erholen, sobald die Mutter nach Hause zurückkehrt – wenn die Trennung nicht mehr als ein paar Tage gedauert hat und man dem Kind hilft, seine depressiven Verlustgefühle zu verarbeiten.

Manche Eltern haben Angst vor solchen Anrufen, weil das Kind sich aufregt, wenn es Mutters Stimme hört. Es stimmt, das Kind wird aufgebracht sein. Aber Tatsache ist auch, daß es bereits verstört ist, ob es das nun zeigt oder nicht. Je länger die Abwesenheit der Mutter dauert und je länger das Kind nichts von ihr hört, desto intensiver und tiefgreifender wird seine Verstörtheit. Je weniger es seinen Kummer verbalisiert, desto stärker prägt er sich der Psyche ein. Deswegen ist solch ein Anruf, auch wenn er unangenehm sein mag, besser als Stillschweigen.

Kleine Kinder, die bei anderen Erwachsenen untergebracht werden, wenn die Eltern für ein oder zwei Wochen Urlaub machen oder auf eine mehrwöchige Geschäftsreise gehen, können mit depressiven Gefühlen reagieren, mit denen die Eltern sich auseinandersetzen müssen, indem sie anrufen oder (wenn möglich) sofort nach Hause zurückkehren.

Können die Umstände, die eine Depression verursachen, nicht beseitigt werden, sollten kompensatorische Schritte eingeleitet werden, das heißt, dem Kind zum Beispiel mitzuteilen, daß die Mutter im Krankenhaus ist, warum sie dort sein muß und wann sie zurückkommt. Das sind grundlegende Voraussetzungen, um dem Kind – und selbst Kindern unter einem Jahr – beim Umgang mit depressiven Gefühlen zu helfen. Das Kind zu trösten, wenn es schmerzliche Gefühle durchlebt, ist immer lohnenswert. Auch einfühlende Zuwendung ist bei Depressionen hilfreich, selbst wenn das Kind darauf nicht sofort zu reagieren scheint.

Da eine der allgemein verbreiteten Ursachen für Depressionen in der frühen Kindheit das Gefühl ist, die Liebe der Mutter, zum Beispiel aufgrund störenden Verhaltens, verloren zu haben, kann das Gespräch darüber, was Mutters Ärger ausgelöst hat, sowie die Versicherung, daß ihre Liebe – wenn überhaupt – nur kurzfristig eingeschränkt ist, sehr hilfreich sein.

Wenn wir einem Kind helfen, depressive Reaktionen zu überwinden, müssen wir ihm vor allen Dingen erlauben, die feindseligen Gefühle auszudrücken und herauszulassen, die mit der Depression zusammenhängen und von ihr ausgelöst werden. Die Eltern müssen zulassen und tolerieren, daß das Kind akzeptable Wege findet, Feindseligkeit auszudrücken, und ihm dabei helfen. Es ist ganz wesentlich, daß das Kind sich beklagen, nörgeln, weinen und verbal äußern darf (»Böse Mami!«).

Und auch hier ist es wichtig, zu erklären, warum es zu den Ereignissen gekommen ist, die die Depression auslösten: »Jetzt geht es Mutti wieder gut, und sie muß nicht mehr ins Krankenhaus«, oder: »Mutti muß arbeiten gehen.« Wesentlich dabei ist, daß die Eltern dem Kind erlauben, auf ihre Erklärungen zu reagieren.

Solche Klagen und Erklärungen sind nicht mit einem Mal abgetan. Jedes einzelne Gespräch trägt dazu bei, daß das Kind die traumatischen Auswirkungen des Erlebnisses, das seine Depression verursacht hat, verarbeiten und abbauen kann.

Je früher solche Dialoge geführt werden, desto besser. Und wieder möchten wir betonen, daß das Gespräch mit einem kleinen Kind, das selbst noch nicht sprechen kann, sowohl angemessen als auch durchführbar und hilfreich ist. Wenn wir einem zehn Monate alten Kind sagen: »Es tut mir leid, daß ich dich so aufgeregt habe«, oder: »Es tut mir leid, daß mein Verhalten dich verletzt hat«, hat das wohltuende Auswirkungen. Erstens nimmt das Kind Ihr Mitgefühl wahr, was aus mehreren Gründen entscheidend ist. Und zweitens hat es das Gefühl, daß das, was es erlebt, angemessen, erlaubt und unvermeidlich ist. Es spürt, daß die Erwachsenen es verstehen und sich bemühen, seine schmerzlichen Gefühle zu lindern.

Es ist eine lebenswichtige Aufgabe, dem Kind Wege aufzuzeigen, die mit der Depression verbundene Feindseligkeit so auszudrücken, daß es sowohl für das Kind als auch für die Eltern akzeptabel ist.

9 Wege zur Verbesserung der Eltern-Kind-Beziehung

Wir haben bis jetzt sechs Situationen zwischen Eltern und Kind betrachtet, in denen generell Aggression – sowohl in ihrer konstruktiven als auch in ihrer feindseligen und destruktiven Ausprägung – im Spiel ist und die abgeschwächt oder auch intensiviert werden kann. Wir haben festgestellt, daß Eltern bei diesen Interaktionen die Möglichkeit haben, ihren Kindern grundlegend zu helfen. Unsere Erörterung dieser Formen des Austausches kann Eltern über Vorgehensweisen informieren, die auch für den Umgang mit anderen, hier nicht angesprochenen Situationen nützlich sind.

In diesem Kapitel möchten wir über das unserer Meinung nach wichtigste Ziel überhaupt sprechen, das Eltern bei ihren Bemühungen, ihren Kindern zu einem gesunden emotionalen Wachstum zu helfen, anstreben sollten: eine optimale Beziehung zu ihren Kindern.

Auf eine optimale Beziehung hinarbeiten heißt nicht, daß Eltern ihre Kinder immer liebevoll beruhigen und loben sowie sich freundlich und nett verhalten sollten. Es gibt Zeiten, in denen es berechtigt ist, daß wir uns aufregen und ärgern, in denen wir beunruhigt sind und uns Sorgen machen, unsere Mißbilligung zeigen und mit dem Kind hadern. Das Ganze ist sehr komplex. Welche angeborenen Anlagen, Stärken und Verletzlichkeiten Ihr Kind auch mitbringt, Ihre gegenseitige Beziehung ist wirksamste Grundlage für Ihre Kommunikation mit ihm und die Beeinflussung seines emotionalen Wachstums und Lebens, die Ihnen zur Verfügung steht.

Unser allgemeines Ziel ist, die Beziehung zwischen Eltern und Kind von der Säuglingszeit bis zum Jugendalter zu fördern und optimal zu gestalten. Wir hoffen, Eltern darin zu unterstützen, eine positive Bindung mit ihren Kindern zu entwickeln, denn das ist für eine gesunde Entwicklung der kindlichen Aggression von enormer Bedeutung.

Eine positive emotionale Bindung fördert die Entwicklung des Kindes generell und unterstützt es auch bei der Entfaltung seiner Autonomie und Selbstbehauptung. Sie wirkt dem Entstehen von Feindseligkeit in mehrerer Hinsicht entgegen. Erstens erfordert der Aufbau einer positiven Bindung, daß die Eltern angemessen auf die grundlegenden emotionalen Bedürfnisse des Kindes eingehen. Zurückweisungen, mangelnde Erfüllung der emotionalen Grundbedürfnisse und Frustrationen müssen aufgewogen werden durch befriedigende Erlebnisse. Das bewirkt, daß im Kind weniger Feindseligkeit mobilisiert wird, was wiederum eine überwiegend positive Identifikation mit den Eltern sicherstellt. Die Folge ist, daß die kindliche Einwilligung in die Anweisungen der Eltern auf Liebe statt auf Angst beruht und das Kind die erzieherischen Bemühungen der Eltern nicht ablehnt.

Durch den Aufbau einer positiven Beziehung zu ihrem Kind sorgen Eltern dafür, daß bei der unvermeidlichen Ambivalenz, die in jeder Eltern-Kind-Beziehung auftritt, die Liebe das Übergewicht hat. Die Beziehung ist dann eine Hilfe, die kindlichen Haßgefühle auf die Eltern auszugleichen. Wenn wir die positive Seite der kindlichen Ambivalenz nähren, sind Liebe und Haß besser ausgewogen, und das Kind kann leichter Kontrolle entwickeln. Das fördert auch die Ausbildung eines gesunden Gewissens, und die Entwicklung äußerst schwieriger und ungesunder Anpassungsmechanismen wird verhindert.

Und schließlich ist eine positive Eltern-Kind-Beziehung das mächtigste Werkzeug, das Eltern zur Verfügung steht, um die Gefühle von Haß und Feindseligkeit zu verarbeiten und abzuschwächen, die im Kind unweigerlich aufkommen. Damit wird verhindert, daß sich übermäßig viel Feindseligkeit im Kind anstaut. Welche psychologischen Veranlagungen das Kind also auch mitbringen mag, durch eine hinreichend positive Beziehung zu den Eltern wird es davor bewahrt, extrem viel Feindseligkeit zu entwickeln.

Im Laufe des kindlichen Lebens bringt jede Entwicklungsstufe spezielle Herausforderungen mit sich. Wenn Eltern dem Kind helfen, diese Herausforderungen zu bewältigen, fördern sie damit die positive Bindung zu ihm. Andererseits unterstützen die Faktoren, die diese Bindung günstig beeinflussen, das Kind zugleich in einer gesunden Entwicklung von Autonomie, Selbstbehauptung und des Gefühls, von anderen geschätzt zu werden sowie kompetent und selbständig zu sein.

Der primäre Faktor für die Entwicklung einer positiven Eltern-Kind-Beziehung ist, daß die Eltern das Kind lieben und ihm das auch zeigen. Hand in Hand geht damit, daß die Eltern auf die vom Kind geäußerten Bedürfnisse nach einer positiven Bindung eingehen, ihm die notwendigen Grenzen setzen und seine Autonomie respektieren. Ein weiterer Faktor ist, daß die Eltern mit dem Kind kommunizieren können, so daß ein positiver emotionaler Dialog zwischen beiden entsteht. Um auf ihr Kind angemessen eingehen zu können, müssen Eltern wissen, was es erlebt. Unseres Erachtens können Eltern, die verstehen, wie ihr Kind sich entwickelt und kommuniziert, seinen Bedürfnissen besser nachkommen und eher einen emotionalen Dialog mit ihm entwickeln. Das wiederum fördert die positive Bindung zwischen Eltern und Kind.

Deswegen werden wir uns im nun folgenden Abschnitt dieses Kapitels mit den einzelnen Entwicklungsphasen und den entsprechenden Aufgaben beschäftigen: mit Bindung, der Entwicklung von Autonomie und Selbstgefühl und mit kindlicher Sexualität. Anschließend wenden wir uns kurz den Themen zu, die vor allem Schulkinder und Jugendliche betreffen. Im nächsten Abschnitt erörtern wir weitere Schritte für eine möglichst optimale Beziehung zwischen Eltern und Kind. Dabei konzentrieren wir uns auf die allgemeinen typischen Merkmale wachstumsfördernder Beziehungen sowie darauf, wie Kinder und Erwachsene sich entwickeln und emotional kommunizieren. Im letzten Teil des Kapitels beschäftigen wir uns mit Möglichkeiten, die positive Bindung zwischen Eltern und Kind zu fördern. Wir werden aber im ganzen Kapitel immer wieder typische Probleme sowie hilfreiche Schritte für ein Eingreifen der Eltern berücksichtigen.

Was wir über menschliche Bindungen wissen

Kinder werden mit der Veranlagung, den grundlegenden Mechanismen und dem inneren Drang geboren, gefühlsmäßige Beziehungen mit den Menschen einzugehen, von denen sie emotional versorgt werden. Sie tendieren dazu, sich auf den Menschen zu konzentrieren, der sie primär betreut, und eine emotionale Bindung zu ihm zu entwickeln.

Wir wissen heute, daß bereits das Kind im Mutterleib – aufgrund des Aufenthalts im mütterlichen Uterus und der allmählichen Entwicklung seiner Sinnesorgane – mit der Stimme der Mutter, der mütterlichen Aktivität und wahrscheinlich noch mit weiteren typischen Zügen der Mutter vertraut ist. Jüngste Untersuchungen haben gezeigt, daß der Fötus im dritten Viertel der Schwangerschaft auf bestimmte äußere Reize wie Geräusche und starkes Licht, das auf den Unterleib der Mutter gerichtet ist, reagiert. Bereits zu dieser Zeit werden die noch Ungeborenen also vertraut mit einigen Aspekten der Außenwelt. Das Neugeborene reagiert auf den Tonfall der mütterlichen Stimme und kann sie ebenso unter anderen heraushören, wie es den Geruch des Körpers und der Brust der Mutter erkennt.

Kleine Kinder werden mit funktionsbereiten Mechanismen geboren, die die emotionale Bindung sicherstellen. Diese angeborenen Mechanismen ermöglichen sowohl die Anpassung als auch die Reaktionsmuster, die Speicherung von Gedächtnisinhalten, die Fähigkeit, auf Reize zu reagieren, und anderes mehr. Bereits unmittelbar nach der Geburt betrachten viele Säuglinge menschliche Gesichter aufmerksamer als andere Dinge in ihrer Umgebung. So hört zum Beispiel der zwölf Tage alte Bernie auf, an der Brust seiner Mutter zu trinken, und betrachtet die Augen und die Stirn der Mutter. Sein Blick ist keinesfalls gleichgültig; das Kind erweckt den Eindruck, als wolle es sich das Bild »einverleiben«, das es anstarrt. Wir schließen daraus, daß der Säugling versucht, seine Erfahrung in sich aufzunehmen, also das Stillen sowie die damit verbundene Befriedigung mit den Gesichtszügen der stillenden Mutter in Zusammenhang zu bringen.

Das Gesicht des Menschen, der das Kind primär betreut, vor allem dessen Augen, Stirn und Haaransatz, bildet eine Form, auf die das Baby aufmerksam reagiert. Diese Form prägt sich ihm tief ein, so daß es schließlich eine Bindung dazu entwickelt. Im Alter von fünf bis sechs Wochen beginnen die meisten Säuglinge auf dieses Gesicht mit einem Lächeln zu reagieren, das eindeutig soziale Züge trägt. Das heißt, das Lächeln ist eine Reaktion auf diese spezielle Konfiguration. Manche von uns glauben, daß diese Reaktion angeboren und ein Hauptfaktor dafür ist, daß das kleine Kind eine Bindung an seine Bezugsperson entwickelt, und zwar auf einer neuen Ebene der Organisation und Erfahrung. Den größten Beitrag für das Verständnis dieser Entwicklung und vieles von dem, was wir im folgenden erörtern, verdanken wir Dr. René Spitz, der in den 40er und 50er Jahren dieses Jahrhunderts sehr viel zu diesen Themen gearbeitet hat.

Im Alter von fünf bis sechs Wochen verkündet das einsetzende *soziale Lächeln*, einhergehend mit zahlreichen physiologischen und psychologischen Reifeprozessen, den Anfang einer emotionalen Bindung, die sowohl für den Säugling als auch für die Eltern entscheidende Bedeutung hat. Wer von uns könnte schon dem zauberhaften Lächeln eines sechs Wochen alten Babys widerstehen? Es weckt in den Eltern das Gefühl, von dem eigenen Kind erkannt und wahrgenommen zu werden. Die meisten Eltern reagieren auf dieses kindliche Lächeln mit Liebe und Zuwendung. Dieses Lächeln ist natürlich nur der erste von vielen weiteren Liebesbeweisen des kleinen Kindes.

In diesem Alter ist der Säugling noch nicht zur Liebe fähig, aber hier beginnt die entsprechende Entwicklung. Einige Mütter sind sehr enttäuscht und besorgt, wenn ihr drei Tage alter Säugling auf ihre Zuwendung nicht mit einem Lächeln reagiert. Das Wissen, daß kleine Kinder erst mit fünf bis sechs Wochen – einige sogar erst mit drei Monaten – imstande sind, sie anzulächeln, bewahrt viele junge Eltern vor diesem enttäuschenden Gefühl. Da das frühe kindliche Reagieren auf die Eltern eine entscheidende Rolle für den Prozeß der Bindung spielt, ist es wichtig, daß junge Eltern sich nicht entmutigt oder zurückgewiesen fühlen, wenn das kleine Kind noch nicht in der Lage ist, eine so ausgeprägte Reaktion wie ein Lächeln zu zeigen.

Wenn sie wissen, daß diese Reaktion normalerweise nicht vor dem zweiten Lebensmonat auftritt, sind Eltern vorbereitet und können besser auf das erste soziale Lächeln ihres kleinen Kindes eingehen.

Die Reaktion der Eltern auf das soziale Lächeln des Säuglings hat grundlegende Bedeutung, und zwar nicht nur, weil sie es damit fördern, sondern auch, weil sie dem Kind das Gefühl vermitteln, auf es einzugehen und sich ihm zuzuwenden. Damit ist der Weg für eine Beziehung geebnet, die gegenseitig ist und die manchmal als »emotionaler Dialog« zwischen Eltern und Kind bezeichnet wird.

Das soziale Lächeln des sechswöchigen Säuglings ist jedoch grundsätzlich nicht einem bestimmten Menschen vorbehalten. Das heißt, das kleine Kind ist darauf programmiert, auf die formale Anordnung des menschlichen Gesichts mit einem sozialen Lächeln zu reagieren.

Deswegen wird diese Reaktion anfangs von jedem Gesicht ausgelöst, selbst von einem schematisierten Gesicht, das auf ein Blatt Papier gezeichnet wurde. Auch wenn diese soziale Reaktion auf Menschen ausgerichtet ist, erfolgt sie zu dieser Zeit relativ unterschiedslos. Es ist jedoch anzunehmen, daß ein Säugling seine eigene Mutter bereitwilliger und strahlender anlächelt als andere Menschen, weil er mit etwa sechs Wochen eindeutiger auf deren Stimme und Geruch reagiert – Aspekte der Mutter, die er bereits erkennt, bevor ihm das mütterliche Gesicht vertraut ist.

Eine junge Mutter regte sich darüber auf, daß ihr drei Monate alter Säugling andere Menschen anlächelte. Sie hatte gehofft, daß das kleine Kind sie bereits als jemand Besonderen erkannte, den es von sämtlichen anderen Menschen eindeutig unterscheiden konnte. Auch wenn der Säugling seine Mutter in bestimmter Hinsicht als einzigartige Person erkannte – aufgrund ihrer Stimme und ihrer Art der Zuwendung –, hatte er noch nicht die Fähigkeit entwickelt, sie emotional beständig von anderen zu unterscheiden.

Der Prozeß, emotional genauer zu unterscheiden, wer Mutter, wer Vater und sogar wer Bruder und Schwester sind, verläuft etwa vom zweiten oder dritten durchgängig bis zum fünften, sechsten und siebten Monat. Mit anderen Worten: Vom dritten bis zum fünften Lebensmonat (bei manchen Kindern bis zum sechsten oder siebten) erkennt das Baby – kognitiv und emotional – die Mutter immer besser. Es kann sie von anderen unterscheiden, und sein Lächeln gilt immer ausschließlicher ihr. Mit etwa fünf bis sieben Monaten hat der Säugling ein ziemlich sicheres Gefühl dafür, wer seine primären Bezugspersonen sind und zu welchen Menschen er eine emotionale Bindung hat. Er scheint zu spüren, wer sich ihm emotional zuwendet. Der Säugling zeigt deutlich, daß er sich primär an die Mutter, dann an den Vater, die Geschwister und die wenigen Menschen gebunden fühlt, die häufig in seinem Leben auftauchen.

Damit einher geht das Phänomen, daß der Säugling aufhört, Menschen anzulächeln, die er nicht kennt. Das fünf oder sechs Monate alte Kind kann auf Menschen, die ihm unbekannt sind, sogar mit Erschrecken reagieren. Dieses »Fremdeln« kann ein breites Spektrum an Ausdrucksformen annehmen, von ernster Neugierde beim Anblick eines Fremden bis zu akuten Reaktionen von erschrockener Angst, bei der es sich von der unbekannten Person abwendet und an die Mutter klammert. Dieses Fremdeln gelangt mit etwa fünf bis acht Monaten zu einem ersten Höhepunkt, nimmt dann meistens vom zehnten bis zum 14. Monat ab und ist mit etwa 16 bis 24 Monaten erneut stark ausgeprägt.

Menschen, die für das Kind Fremde sind, müssen nicht auch der Familie unbekannt sein. So kann es zum Beispiel die Großeltern, die seit einiger Zeit nicht zu Besuch waren, als Fremde erleben und mit fünf oder sechs Monaten mit akuter Panik auf sie reagieren. Das bereitet den Eltern unweigerlich Kummer, und das gleiche gilt für die Großeltern, die dem Baby ja nur deswegen fremd sind, weil es sie länger nicht gesehen hat. Wenn die Großeltern sich Zeit lassen und sich ihrem Enkelkind nicht aufdrängen, wird es sich meistens an sie gewöhnen und auf seine Art spüren, daß diese Menschen den Eltern wichtig sind, ein Faktor, der seine Reaktionen auf und seine zukünftige Bindung an die Großeltern positiv beeinflussen wird.

Mit dem spezifischen sozialen Lächeln und dem Fremdeln, beides Anzeichen für eine selektive Bindung des Säuglings an bestimmte Menschen (meistens die Eltern), geht einher, daß das Kind Angst und Kummer empfindet, wenn es von den Eltern getrennt ist. Alle Eltern wissen sehr wohl, daß ihre Kinder im Alter von etwa fünf Monaten bis zu drei Jahren und länger Trennungsreaktionen zeigen. Diese *Trennungsreaktion* und die *Trennungsangst* – eine intensivere Form der Trennungsreaktion – sind wichtige Anzeichen dafür, daß das Kind eine emotionale Bindung zu Mutter und Vater entwickelt hat.

Viele Komponenten der Persönlichkeit beruhen auf der emotionalen Bindung an die primären Bezugspersonen: die Fähigkeit zur Anpassung an die soziale Umgebung; die Entwicklung eines Beziehungsverhaltens; das Entstehen befriedigender Bewältigungsmechanismen; die Entwicklung eines Gewissens und andere steuernde Persönlichkeitsaspekte. Eine mangelnde Bindung kann verheerende Auswirkungen haben oder, im günstigsten Falle, zu schweren Problemen führen. Eine fehlende Bindung an menschliche Wesen kann tiefgreifende emotionale Störungen und ein antisoziales Anpassungsverhalten nach sich ziehen, was wiederum zur Folge hat, daß Menschen nicht geachtet und wie Dinge behandelt werden.

Da Trennungsreaktionen ganz unabhängig davon auftreten, ob die Bindung an die Eltern zufriedenstellend ist oder nicht, zeigt das Vorhandensein dieser Reaktionen uns lediglich, daß sich eine bedeutsame Bindung entwickelt hat. Weil die emotionale Bindung des Säuglings an die Eltern aber so außerordentlich wichtig ist, liegt bereits in dieser Tatsache eine aussagekräftige Information.

Ein weiterer wichtiger Hinweis auf diese Bindung, die Trennungsangst auslöst, ist die Reaktion, die Kinder zeigen, wenn sie mit dem entsprechenden Menschen nach einer Trennung wieder zusammenkommen. Diese *Wiedersehensreaktionen* äußern sich in zweifacher Weise. Die erste Form ist die positive Reaktion auf ein Wiedersehen: Wenn die Mutter zurückkehrt, ist das kleine Kind glücklich, streckt die Arme nach ihr aus, klammert sich vielleicht kurz an sie, scheint sich aber insgesamt einfach zu freuen, daß die Mutter wieder da ist. Im zweiten Fall handelt es sich um eine negative Wiedersehensreaktion: Das Baby scheint die Mutter bei deren Rückkehr zu ignorieren oder ist eindeutig wütend auf sie, wie wir es bei dem dreijährigen Kenny bereits gesehen haben (siehe Kapitel 7). Auch wenn die geäußerten Gefühle negativ sind, weisen sie auf eine emotionale Bindung hin. Deshalb ist selbst eine negative Wiedersehensreaktion als solche ein positiver Hinweis auf die Bindung an Mutter oder Vater.

Das spezifische soziale Lächeln, das Fremdeln, Trennungsreaktionen und Wiedersehensreaktionen – das alles sind Indizien für die Bindung an bestimmte Menschen. Außerdem stellen sie für die Eltern Gelegenheiten dar, die Bindung zu fördern, indem sie auf diese Reaktionen einfühlsam eingehen.

Wenn ein Baby die Eltern strahlend anlächelt und diese darauf mit Wärme, Zärtlichkeit und aufgeregter Freude reagieren, wird das Lächeln des Kindes und sein Gefühl, daß man auf es eingeht und es umsorgt, verstärkt, und damit auch seine Bindung an die Eltern. Die Wichtigkeit dieser beidseitigen lustvollen und freudigen Erfahrung in diesem Stadium (oder auch zu jeder anderen Zeit) kann nicht genug betont werden. Diese Erlebnisse sind für die weitere Entwicklung des Säuglings sowie für die Eltern-Kind-Beziehung eine unschätzbare Bereicherung.

Wenn das Kind zu fremdeln beginnt, können die Eltern auch mit dieser Reaktion so umgehen, daß es die Bindung des Kindes an sie fördert.

Wenn zum Beispiel der Großvater hereinkommt – überzeugt davon, daß das kleine Kind ihn mit offenen Armen empfängt – und das Kind erschrocken reagiert und sich ängstlich abwendet, passiert es häufig, daß er wiederum bekümmert reagiert, sich dem Kind aufdrängt und versucht, dessen Fremdeln einfach zu ignorieren. Wenn der Großvater dem Kind aber seine Gegenwart aufzwingt, ist das für dieses im höchsten Maße unangenehm und löst beim Kind Feindseligkeit aus, so daß keine Nähe zum Großvater entstehen kann.

Wenn die Eltern an diesem Punkt eingreifen und dem Großvater vermitteln können, daß er dem Kind Zeit lassen muß, und wenn sie versuchen, ihr verschrecktes Kind zu trösten, helfen sie diesem, mit der Situation besser zurechtzukommen. Außerdem unterstützen sie es darin, sowohl dem Großvater als auch ihnen selbst allmählich näherzukommen. Auf diese Weise fördern die Eltern das positive Erleben des Kindes, mindern Dauer und Intensität der extremen Unlust und damit auch die Entstehung von Feindseligkeit.

Muß das Kind dann mit einer Trennung zurechtkommen, kann auch hier der elterliche Umgang mit der Situation die Bindung an die Eltern fördern. Die Mutter, die auf die Trennungsreaktion ihres kleinen Kindes mit Verständnis und mäßiger eigener Betroffenheit reagiert, die ihr Kind zu trösten versucht und erklärt, warum sie gehen muß, wohin sie geht und wann sie zurücksein wird, bemüht sich, den Kummer des Kindes zu lindern. Und sie tut damit noch mehr. Auch wenn sie die Trennungsreaktion durch ihr Verhalten wahrscheinlich nicht aufhalten kann, wird das Kleinkind ihre Bemühungen registrieren. Sie trägt dazu bei, seinen Schmerz, sein Unwohlsein und damit auch seine Feindseligkeit zu verringern und die gegenseitige Bindung positiv zu verstärken. Wir möchten hier noch einmal betonen, daß Eltern, die ihre Anteilnahme zeigen und sich bemühen, das Kind zu trösten, die Bindung des Kindes an sie positiv unterstützen (selbst wenn sie ihm seinen Schmerz nicht nehmen können). Wenn sie versuchen, dem Kind die Situation zu erleichtern, ist das keine verlorene Mühe.

Und auch das elterliche Eingehen auf die Wiedersehensreaktion des Kindes kann die kindliche Bindung an sie weiter fördern. Die Mutter, die der positiven Wiedersehensreaktion ihres Kindes mit Freude, Zuneigung und Aufmerksamkeit begegnet, vermittelt diesem, daß es emotional geschätzt und geliebt wird. Das fördert sowohl die positiven

Gefühle des Kindes für die Mutter als auch seine positive Bindung an sie.

Negative Wiedersehensreaktionen sind für die Eltern problematischer. Was empfinden Sie, wenn Sie, voller Aufregung, ihr Kind wiederzusehen, nach Hause kommen und Ihr Kind ist wütend auf Sie, wie der dreijährige Kenny in Kapitel 7? Das tut weh. Und auch hier ist es wichtig, daß Sie dem Kind erlauben, seinen Kummer auszudrücken. Es hilft, wenn Eltern verstehen, daß ihr Kind verärgert ist, weil ihre Abwesenheit akute Angst in ihm ausgelöst hat. Seine Reaktion ist ein Hinweis darauf, daß das Kind eine Beziehung zu Ihnen hat und Sie schätzt. Wenn Eltern den Ärger des Kindes verstehen, zulassen können, daß es ihn in angemessener Weise zum Ausdruck bringt, und es beruhigen, wird es schneller darüber hinwegkommen. Der Ärger auf die Eltern wird dann nicht so heftig sein und nicht so lange anhalten, und seine Zuneigung kehrt schneller zurück. All das fördert die positive Gefühlsqualität der Bindung an die Eltern.

Die Mutter, die auf den negativen Empfang ihres Kindes mit Worten wie:»Nun, wenn du mich nicht sehen willst, kann ich ja gleich wieder gehen!« oder in anderer Form zurückweisend reagiert, verlängert damit die feindselige Gegenreaktion, und das wirkt sich auf die Bindung negativ aus.

Und schließlich gibt es noch weitere Verhaltensweisen, die etwas über die Bindung aussagen. So haben zum Beispiel kleine Kinder die Angewohnheit, ihrer Bezugsperson hinterherzulaufen. Weinen Kinder, können sie durch liebevolle Zuwendung der primären Bezugsperson besser beruhigt werden als von anderen. Kinder klammern sich bei Angst und Kummer an den Menschen, der ihnen am nächsten ist, statt an andere. All das sind Hinweise auf eine enge Beziehung und zugleich Gelegenheiten, diese zu fördern.

Ohne diesen Entwicklungsverlauf, der zu einer Bindung an die Eltern (oder andere Bezugspersonen) mit entsprechender emotionaler Zuneigung führt, aus den Augen zu verlieren, wollen wir uns diesem Thema nun noch einmal aus einem anderen Blickwinkel annähern. Ein wesentlicher Aspekt dieser Sicht ist, daß die Reaktionsmuster zwischen Kind und Mutter die Qualität ihrer Beziehung von Anfang an prägen. Der Säugling wird von Geburt an durch seine Umgebung beeinflußt. Die Annahme, daß Babys nicht fühlen oder sich nicht erinnern können, ist nicht mehr gerechtfertigt. Ganz im Gegenteil: Jahrelange Forschungen und klinische Untersuchungen durch Psychologen haben uns darüber informiert, daß Säuglinge von Anfang an sensibel auf ihre Erfahrungen reagieren und von ihnen beeinflußt werden. Sie erinnern sich sehr wohl daran, selbst wenn es ihnen schwerfällt und sie nur mit Unsicherheit rekonstruieren und verbalisieren können, was sie in der frühen Kindheit erlebt haben. Es ist also vielmehr anzunehmen, daß unser Einfluß auf unsere Kinder diese von den ersten Lebenstagen an prägt.

Wir gehen – wie wir unterstreichen möchten – nicht davon aus, daß traumatische Ereignisse das Kind für immer begleiten. Es gibt im Verlauf seines Heranwachsens viele Gelegenheiten, traumatische Erfahrungen aufzulösen und zu mildern sowie die Schäden zu beheben, die einige dieser Traumen nach sich gezogen haben. Eltern sollten niemals verzweifeln, wenn es darum geht, Fehler, die ihrem Gefühl nach traumatische Auswirkungen auf das Kind hatten, zu beheben und wiedergutzumachen. Das gilt unserer Meinung nach auch für Eltern, deren Kinder bereits erwachsen sind.[7]

Im Verlauf der Zeit verfestigen sich die Interaktionsmuster zwischen Kind und Eltern, aber ihre Entwicklung setzt gleich nach der Geburt ein. Wir wissen, daß Säuglinge, die nur wenige Tage alt sind, sich an eine bestimmte Art des Umgangs mit ihnen sowie an spezielle Gerüche und Stimmen gewöhnen. Sie machen deutlich, daß sie eine bestimmte Form der Zuwendung erwarten, wenn sie die Person, die sie betreut, hören, fühlen oder riechen. Wir glauben, daß das gleiche auch für die komplexeren emotionalen Komponenten der Interaktion mit diesem Menschen gilt.

Außerdem gehen wir davon aus, daß das Baby, ganz gleich, wie unausgereift seine Erfahrungen auch sind, ein Selbstempfinden und vielleicht sogar Anfänge eines Selbstgefühls hat. Darüber hinaus nimmt es seine Bezugsperson in primitiver, also in noch keinesfalls klar definierter Form wahr und zeigt Reaktionen bei der Interaktion zwischen seinem entstehenden Selbstgefühl und diesem Menschen. Die Entwicklung zu einer individuellen Person verläuft Hand in Hand mit der Entwicklung der eigenen Gefühle sowie der Wahrnehmung anderer als Individuen. Das Gefühl für sich selbst und andere beginnt während dieser frühesten Interaktionen mit den Eltern Form anzunehmen.

Die Qualität unseres Selbstgefühls und damit unserer Selbstwahrnehmung hängt eng mit den Qualitäten zusammen, die wir den Menschen zuschreiben, mit denen wir uns austauschen und an die wir emotional gebunden sind. In dem Maße, wie wir andere lieben und achten, respektieren und lieben wir auch uns selbst. Dasselbe gilt für Gefühle wie Haß und Verachtung. Die Liebe und Achtung, die andere uns entgegenbringen, tragen sehr viel dazu bei, daß wir uns selbst lieben und achten, so wie auch die Erfahrung, von den Menschen gehaßt zu werden, von denen wir abhängig sind und die wir brauchen, zu Selbsthaß und Selbstverachtung führt.

Die Entwicklung des Individuums ist unlösbar mit der Entwicklung seiner Beziehungen zu anderen Menschen verknüpft. Die Selbstentfaltung wird gestört, wenn wir andere nicht schätzen und achten lernen. Die Folge davon sind schwere emotionale Behinderungen und/oder antisoziales Verhalten.

Wenn wir in unseren primären Beziehungen die Erfahrung machen, daß unser Haß auf andere (Mutter, Vater, Partner etc.) nicht akzeptabel ist – was bei einer entsprechenden positiven Verbindung häufig der Fall ist –, entwickeln wir zahlreiche Abwehrmechanismen, die uns für diesen Haß blind machen: Verleugnung des Hasses, den wir einem geliebten Menschen entgegenbringen; Ausblendung der Wahrnehmung, daß ein Mensch, den wir lieben, uns in Wut versetzt; Projektion des Hasses, den wir manchmal auf unsere Mütter und Väter empfinden (also einem anderen Menschen etwas zuschreiben, was wir selbst fühlen). All diese Mechanismen benutzen wir, um uns vor diesem konfliktträchtigen Haß zu schützen. Eine andere verbreitete Abwehrstrategie besteht darin, daß wir den eigenen Haß und die eigene Wut auf die Eltern auf andere verlagern, was dazu führt, daß wir andere einschüchtern, Sündenböcke suchen und Vorurteile entwickeln.

Davon ausgehend, daß die Entwicklung eines Selbstgefühls sowie der bewußten Wahrnehmung der Betreuungsperson und des interaktiven Prozesses bereits in den ersten Lebenstagen beginnt, können wir diese Aspekte im Rahmen des Entwicklungsmodells betrachten, das von Dr. Margaret Mahler[8] entworfen wurde. Wir sprechen in diesem Zusammenhang von der Theorie der *Loslösung-Individuation*.

Loslösung-Individuation: Die Entwicklung eines Selbst, das mit anderen in Beziehung steht

Auf den neuesten Stand gebracht, besagt das Modell der Loslösung-Individuation, daß der Säugling bereits in den ersten Wochen seines Lebens die Mutter als Teil seines eigenen Universums wahrnimmt, des Universums, das er selbst darstellt. Das schließt all das ein, was die kindlichen Forderungen und Bedürfnisse befriedigt und den inneren Druck, den das Kind erfährt, reduziert. Das soll jedoch nicht heißen, daß das Baby all diese Phänomene bewußt wahrnehmen und unterscheiden kann. Auf dem Höhepunkt seiner Entwicklung beginnt der Säugling mit dem Prozeß der Differenzierung der Mutter-Kind-Symbiose. Diese Entfaltung bezeichnet Mahler als Loslösung-Individuation. Die Zeit, in der diese Unterscheidung und Entfaltung stattfindet, ist die Phase der Loslösung-Individuation.

Mit etwa sechs Wochen beginnt der Säugling ein zunehmendes Bewußtsein für sein wachsendes Selbstgefühl sowie für die Strukturen und spezifischeren Funktionen seiner Bezugsperson zu entwickeln. Zu dieser Zeit scheint das Kind sich und die Mutter wahrzunehmen, als fände ihre Beziehung in einer emotionalen Hülle statt, die sie beide zusammenschweißt. Diese emotionale Einheit bewirkt, daß der Säugling sich und den anderen während der Hauptphasen seines Wachlebens als Einheit erlebt. Die zentrale Annahme einer bestimmten psychoanalytischen Schule, der Selbstpsychologie, besteht darin, daß wir uns in Beziehungen zu anderen ebenso vereint, nämlich als »Selbst-Objekte« erleben. Das gilt besonders für diese Entwicklungsphase.

Die Phase der Entwicklung des Selbst-Anderen, der wir uns jetzt zuwenden, beginnt etwa mit sechs Wochen und wurde von Mahler als die »normale symbiotische Phase« bezeichnet. Sie benutzte diesen Begriff, weil sie ihre auf jahrelanger Arbeit beruhende Schlußfolgerung beschreiben wollte, daß nämlich der Säugling die Mutter als Teil seines Selbst und sich selbst als Teil der Mutter erlebt, vor allem, wenn er Bedürfnisse hat und versorgt wird. Diese Phase findet ihren Höhepunkt mit fünf bis sechs Monaten und geht dann in die Entwicklungsphasen der Beziehung zu anderen über, von denen in diesem

Buch die Rede ist. Während dieser Zeit jedoch erlebt das kleine Kind sich vor allem als Teil seiner Bezugsperson und diese als Teil von sich, zum Beispiel dann, wenn es gestillt wird. Es gibt auch Zeiten, in denen der Säugling sich nicht so erlebt, daß er an den Menschen gebunden ist, der ihn versorgt. Wenn er satt ist und sich wohl fühlt, betrachtet er sich selbst, starrt auf ein Fenster oder ein Mobile und greift danach.

Bis etwa zum fünften Lebensmonat, wo wir von einem ursprünglichen und sich langsam entfaltenden Selbstgefühl ausgehen und ein wesentlicher Bestandteil der Aktivitäten des Kindes seine Bezugsperson nicht einbezieht, scheint die Hauptorientierung des Kindes während der Wachphasen doch im Rahmen seiner symbiotischen Bezogenheit auf die Mutter zu verlaufen.

Wir unterbrechen hier unsere Darstellung der Theorie der Loslösung-Individuation, weil wir es für angebracht halten, eine Anmerkung zu unserer Verwendung des Begriffes *Bezugsperson* zu machen. Wir denken bei dieser Bezeichnung vor allem an die Mutter, obwohl damit auch der Vater und gelegentlich auch die Geschwister gemeint sein können. Wir bezeichnen damit die Menschen, die den Säugling versorgen und sich ihm emotional auf diese einzigartige »familiäre« Art und Weise zuwenden.

Die Person, die Mutter oder Vater vertritt – und zum Beispiel dann kommt, wenn die Mutter außer Haus arbeiten geht –, kann sich dem Kind ebenso emotional zuwenden und für dieses entsprechend wichtig werden. Trotzdem vermittelt sie dem Kind nicht die emotionalen Erfahrungen, die typisch für den Austausch mit den Eltern sind. Es ist unmöglich, daß ein Mensch, der nicht Vater oder Mutter des Kindes ist, sich emotional genauso auf das Kind einläßt, wie es für die Eltern typisch ist.

Während unserer jahrelangen Arbeit mit Müttern machte uns eine Mutter diesen Punkt eindringlich klar. Als sie über die Kinder ihrer Nachbarin sprach, die sie ganz reizend fand und die sie sehr gern hatte, versuchte sie sich den Unterschied zwischen den Gefühlen für ihre eigenen Kinder und dem, was sie für diese netten Nachbarskinder empfand, klarzumachen. Ihrer Meinung nach lag der Hauptunterschied darin, daß sie, wenn sie den Nachbarskindern die gleichen

Gefühle entgegengebracht hätte wie ihren eigenen, den Schmerz nicht ertragen hätte, wenn sie sie abends verlassen mußte.

Wie sehr sich eine Bezugsperson, die die Eltern vertritt, auch ihrem Schützling verbunden fühlt, wie sehr sich ein Lehrer auch emotional auf seine Schüler einläßt oder ein Arzt Anteil an seinen Patienten nimmt – ihr gefühlsmäßiges Engagement kann (und sollte) nicht die Ebene, Tiefe oder Qualität der Verbundenheit erreichen, die typisch für die Beziehung ist, die Eltern zu ihren Kindern entwickeln.

Um diesen entscheidenden Unterschied im Hinblick auf Beziehungen und Bindungen zu verdeutlichen, sprechen Psychologen manchmal von Eltern und Kindern als »primären Objekten« (wobei *Objekt* für Person steht), die primäre Bindungen und Beziehungen miteinander eingehen, im Gegensatz zu den sekundären Bindungen und Beziehungen, die sich mit Personen wie Nachbarn, Freunden, Lehrern usw. ergeben. Die Bezugsperson, von der wir bislang gesprochen haben, ist also Vater oder Mutter, zu denen das Kind eine primäre Bindung eingeht.

Wir wollen jetzt mit der Darstellung der Theorie der Loslösung-Individuation fortfahren. Mit etwa fünf bis sechs Monaten beginnt das Kind eine deutlich stärkere Selbstwahrnehmung zu entwickeln und allmählich zwischen sich und seiner Bezugsperson zu unterscheiden. So scheint zum Beispiel die fünfeinhalb Monate alte Susan, die auf dem Schoß ihrer Mutter sitzt, vom mütterlichen Körper wegzustreben, um das Treiben um sich herum mit neuem Interesse wahrzunehmen. Das ist wie ein Aufwachen aus ihrem früheren Zustand, wo sie sich bequem und von Mutters Armen gehalten in deren Schoß schmiegte. Sie macht einen sehr viel wacheren Eindruck, sozusagen bereit, »loszulegen«, und wirkt älter. Mahler bezeichnete diese Erfahrungsstufe als *ausschlüpfen*. Susan erweckt den Anschein, als dränge sie aus der symbiotischen Einheit mit der Mutter heraus.

Wie dieses und ähnliche oft zu beobachtende Beispiele zeigen, kommt es in der Mitte des ersten Lebensjahres zu einer zweiten, die Reife betreffenden Differenzierung und zu einem Anwachsen sowohl physiologischer als auch psychologischer Prozesse. Damit geht eine wichtige Differenzierung und Verstärkung der Aggression einher. Hier handelt es sich um eine nicht-destruktive Form von Aggression, die sich durch wachsende Selbstbehauptung und sensomotorische Aktivität ausdrückt. Wir können hier eine verstärkte Fortbewegung sowie ein Zunehmen der Fähigkeit und des Interesses beobachten, Dinge zu erforschen. Auch die sinnlichen Modalitäten und die kognitiven Funktionen arbeiten in verstärktem Maße (wie Piaget es beschrieben hat). An diesem Punkt drängt das kleine Kind auf den Prozeß der Loslösung-Individuation hin. Das geschieht in zwei wichtigen Subphasen. Die erste verläuft etwa vom fünften, sechsten bis zum 16. Monat. Die zweite schließt sich daran an und dauert bis zum Alter von drei Jahren. (Dr. Mahler hat noch eine weitere Unterteilung vorgenommen, die aber für unsere Ausführungen nicht besonders wichtig ist.) Typisch für die erste dieser beiden Subphasen ist, daß das Kind – wie Susan in unserem Beispiel oben – von der Mutter wegstrebt. Als nächstes beginnt es seine zunehmenden motorischen Fähigkeiten zu erproben und zeigt ein wachsendes Bedürfnis, seine Umgebung zu erforschen. Es vermittelt uns den Eindruck, daß es erfahren und begreifen möchte, wie seine Umwelt beschaffen ist. Es versucht, sie sich anzueignen und zu beherrschen und zugleich auch Gewinn aus seinen eigenen, neu zutage tretenden Fertigkeiten und Talenten zu ziehen. Ein deutliches Streben nach Autonomie, Getrenntheit und Individuation tritt in den Vordergrund. Oft ist ein einjähriges Kind zu dieser Zeit so aktiv, geschäftig und voller Forschungsdrang (was auch einschließt, daß es Dinge in den Mund steckt), daß viele Mütter sagen, ihr Kind ließe nichts mehr stehen und liegen und bereite ihnen ständig alle möglichen Schwierigkeiten und Probleme.

Auf dem Höhepunkt dieses Strebens nach Autonomie wird die zweite wichtige Subphase der Loslösung-Individuation durch die wachsende kindliche Erkenntnis eingeleitet, daß nämlich Mutter und Kind tatsächlich getrennte Individuen sind. Durch seine wachsenden kognitiven (Denk-)Fähigkeiten wird dem 16 bis 18 Monate alten Kind klar, daß die Beziehung zu seiner Bezugsperson nicht durch eine emotionale Schutzhülle oder eine emotionale Einheit sichergestellt ist. Statt dessen besteht sie darin, daß beide als zwei getrennte Individuen emotional miteinander verbunden sind. Die Verbindung besteht natürlich aus der tiefen gefühlsmäßigen Beziehung, die Mutter und Kind bereits miteinander eingegangen sind.

Diese verstärkte Wahrnehmung des Kindes, ein von der Mutter getrenntes Wesen zu sein, bringt anfänglich eine emotionale Krise mit sich. Diese zeigt sich in Verhaltensweisen, die deutlich machen, daß das Kind Angst hat, und manchmal auch in einer gutartigen Form von depressiven Gefühlen, die Mahler und McDevitt als »Gedämpftheit« bezeichnen. Wir haben bei Kindern in diesem Alter auch Anzeichen beobachtet, die auf einen inneren Kampf hinweisen. Dr. Mahler betont, daß dieser innere Kampf darauf beruht, daß das Kind widerstrebende Wünsche empfindet. Einerseits möchte es eins mit der Mutter bleiben, als wäre es mit dieser in einer Schutzhülle zusammengeschweißt. Andererseits erfährt das kleine Kind aber auch den machtvollen inneren Drang, ein Individuum zu sein, und damit getrennt von der hochgeschätzten Person der Mutter. Wir können davon ausgehen, daß sich ein ähnlicher, wenn auch etwas anders gelagerter Prozeß in bezug auf den Vater und vielleicht auch auf die Geschwister vollzieht.

Es kann nützlich sein, zu beschreiben, in welcher Form diese Krise, von der Dr. Mahler und ihre Kollegen sprechen, bei vielen 16 bis 24 Monate alten Kindern zutage tritt. Manchmal zeigt sie sich auch früher oder später, was weder ein gutes noch ein schlechtes Zeichen ist.

Als Candy ein Jahr, sieben Monate und 21 Tage alt war, konnten wir sehen, daß sich bei ihr ganz eindeutig eine Krise abzeichnete, wie wir sie hier erörtern. An diesem einen Morgen blieb Candy von Beginn unserer Gruppensitzung an dicht bei ihrer Mutter. Vier andere Kinder, die sie gut kannte, zogen ihre Schuhe aus und liefen in das Spielzimmer. Candy, die dicht neben ihrer Mutter auf »ihrem« gemeinsamen Sofa saß und ganz vertieft spielte, sah, daß die Kinder aufbrachen, zog sich auch die Schuhe aus und machte sich ganz aufgeregt bereit, sich ihnen anzuschließen. Nachdem sie die Schuhe ausgezogen hatte, wurde sie jedoch ernster und kletterte mit Hilfe ihrer Mutter auf das Sofa zurück. Nur wenige Sekunden, nachdem sie sich auf den Schoß der Mutter niedergelassen hatte, begann Candy jedoch zu weinen und sich den Armen der Mutter zu entwinden. Sie vermittelte den Eindruck, als ob sie plötzlich etwas sehr Schmerzliches erlebe. Verwirrt ging die Mutter auf das Kind ein und setzte es wieder auf den Boden. Candy ließ sich fallen und bekam einen leichten Wutanfall; sie wandte sich und trat mit den Füßen um sich – eine für sie ganz ungewöhnliche Reaktion. Überrascht versuchte die Mutter das Kind zu beruhigen, indem sie mit ihm sprach und es berührte. Schließlich nahm sie das Kind in gegenseitiger Übereinstimmung wieder auf den Arm. Aber sofort fing Candy wieder zu weinen an und von der Mutter wegzustreben. Wieder gab die verwirrte Mutter nach und setzte Candy herunter. Und noch zwei weitere Male spielten Mutter und Tochter dieses Hin und Her durch. Erst nach dem sechsten Durchgang klang es aus. Candys Schmerz und Kummer – die unserer Meinung darauf beruhten, daß sie ihrer Mutter nahe sein und zugleich von ihr weg wollte – wurden in eindrucksvoller Weise von der Verwirrung gespiegelt, die sich auf dem Gesicht der Mutter abzeichnete.[9]

Diese Mutter war zuerst bestürzt über das Verhalten des Kindes und dann sehr erleichtert, als wir ihr erklärten, was unserer Meinung nach in ihrem Kind vorging. Unsere Erläuterungen leuchteten ihr ein.

Zwei Aspekte sind von Eltern besonders zu beachten, denn jeder birgt die Möglichkeit, die positive Qualität der Eltern-Kind-Beziehung sowie alles, was daraus erwächst, zu fördern. Der erste ist, daß das Kind in der ersten Subphase der Loslösung-Individuation von einem starken inneren Bedürfnis angetrieben wird, sein Selbstgefühl und die selbstmotivierten Aktivitäten zu erproben. Eltern müssen für diesen bemerkenswerten Antrieb zur Autonomie einen schützenden Rahmen zur Verfügung stellen, zum Beispiel, indem sie ihrem einjährigen Kind eine sichere Umgebung bieten, in der es seine wachsenden Fertigkeiten erproben und vertiefen kann. Wenn die Eltern um diesen mächtigen kindlichen Drang nach Autonomie und wirksamen Handeln wissen, können sie darauf so eingehen, daß sie das Wachstum des Kindes fördern. (Kapitel 4 und 5 behandelten dieses Thema ausführlich.) Der zweite Punkt ist: Das Kind spürt während der zweiten Subphase des Prozesses der Loslösung-Individuation zu bestimmten Zeiten deutlich, daß es wirklich von der Mutter getrennt ist, was Angst bei ihm auslöst. Das geschieht meistens in zweierlei Situationen. Erstens kann das Kind die Entdeckung, von der Mutter getrennt zu sein, zu einem Zeitpunkt machen, zu dem dies bei ihm akute Hilflosigkeit sowie das Gefühl auslöst, von dieser Trennung überfordert zu sein. Das kann Angst sowie den depressiven Zustand hervorrufen, den Mahler und McDevitt als »Gedämpftheit« bezeichnen. Wir gehen davon aus, daß diese »Gedämpftheit« die Folge eines inneren Verlustgefühls ist, des Empfindens, die umfassende Verbundenheit mit der primären Bezugsperson zu verlieren. Der zweite Umstand, der zu dieser Zeit akute Angst auslösen kann, betrifft die Erfahrung, daß das Kind einerseits mit der Mutter eins bleiben möchte, andererseits aber von ihr wegstrebt. Laut Mahler gerät das Kind dadurch in eine emotionale Krise, wie wir sie bei Candy beobachtet haben. Diese Situation tritt meistens zwischen dem 18. und 24. Lebensmonat ein, auch wenn diese zeitlichen Angaben schwanken können.

Beide Situationen, die typisch für die zweite Hälfte der Phase der Loslösung-Individuation sind, führen tendenziell zu einer verstärkten Trennungs- und Fremdenangst. Wir stellen oft fest, daß das Auftreten dieser Reaktionen und das kindliche Klammern, das damit einhergeht, für Mütter alarmierend ist. Manche Mütter haben das Gefühl, daß ihr Kind, das sich noch vor zwei Wochen munter von ihnen wegbewegt und sein eigenes Universum erforscht hat, plötzlich wieder zum Baby wird, sich zurückentwickelt, sich anklammert und verstärkt Angst vor Trennungen und fremden Menschen zeigt. Manche Mütter empfinden das als Rückschritt. Tatsächlich aber ist dieses Verhalten ein Fortschritt, denn es macht deutlich, daß das Kind sich von der ersten wichtigen Subphase der Loslösung-Individuation zur zweiten bewegt.

Für Eltern ist es wichtig, sich der Tatsache bewußt zu sein, daß diese zweite Phase der Angst vor Trennungen und vor Fremden verknüpft ist mit der potentiellen Stabilisierung eines Selbstgefühls und der Tolerierung der Getrenntheit von der primären Bezugsperson. Beides wird, wie wir betonen möchten, dadurch gefördert, daß die Eltern für das Kind da sind, um es zu halten, zu trösten und zu beruhigen, während es diesen Prozeß durchmacht. Mit anderen Worten: Es ist wichtig, daß die Eltern dem Kind erlauben, sich anzuklammern, und es trösten, wenn es sich ängstlich fühlt. Das kleine Kind versucht jetzt, sich als eigenständiges Individuum zu erleben und die Erfahrung zu festigen, daß es von anderen getrennt ist. Das geschieht im Rahmen einer emotionalen Beziehung, die reifere Züge zeigt, als es während der symbiotischen Phase der Fall war.

Was wir bis jetzt besprochen haben, bezieht sich auf die Entwicklung der Beziehung zwischen Kind und Eltern während der ersten drei Lebensjahre. Das Wesentliche dieser Entwicklung geschieht in der Zweierbeziehung von Mutter (und/oder Vater) und Kind (Dyade). Alle Eltern wissen, daß das Kind während dieser ersten drei Lebensjahre sehr wohl Groll und Ärger auf seine primären Bezugspersonen empfindet, zum Beispiel dann, wenn die Mutter oder der Vater ihre

Aufmerksamkeit einem anderen Menschen zuwenden. Diese Form der triadischen oder Interaktion zu dritt ist meistens komplexer als die Zweierkonstellation.

Die frühen Formen der triadischen Beziehung bringen Konflikte mit sich, mit denen die Eltern sich natürlich auf wachstumsfördernde Weise auseinandersetzen müssen. Ersten Äußerungen von Rivalität und des Wunsches, die Mutter ganz für sich zu haben, muß diese begegnen, indem sie dem Kind ihre Anteilnahme zeigt und es beruhigt, aber auch deutlich macht, daß sämtliche Geschwister ein Recht auf die Zuwendung der Eltern haben und das kleine Kind für die Eltern nicht wichtiger ist als die anderen. Letzten Endes wird jedes Kind diesen Umgang mit triadischen Beziehungen als beruhigend empfinden und sich dadurch geschützt fühlen. Auch wenn jedes Kind gern das einzige Kind sein möchte, birgt die Erfahrung, anderen Kindern vorgezogen zu werden, doch unweigerlich die Bedrohung, daß das Kind eines Tages, wenn es etwas anrichtet, seine Sonderstellung in der Familie verliert. Es ist äußerst wünschenswert, daß alle Kinder in den Augen ihrer Eltern gleich sind und ihre Gleichheit auch geschützt wird. Psychoanalytiker und Entwicklungspsychologen haben schon vor länger Zeit nachgewiesen, daß im Alter von etwa zweieinhalb Jahren eine Entwicklung einsetzt, die enorme Folgen für das Kind hat. Diese verändert und prägt die Beziehung zwischen Kind und Eltern auf einschneidende Weise. Um diese Zeit herum beginnt die kindliche Sexualität und damit der Ödipuskomplex zutage zu treten.

Das Aufkommen der kindlichen Sexualität und seine Auswirkungen auf Beziehungen

Folgende Verhaltensweisen, die auf die sich entwickelnde Sexualität zurückzuführen sind, stellen sich beim Kind ein und können von den Eltern – wenn sie es zulassen – wahrgenommen werden. Auch wenn bereits Kinder unter zwei Jahren ihren eigenen Genitalien Beachtung schenken und sie von Zeit zu Zeit berühren, ist es oft verblüffend, zu beobachten, wie häufig und beharrlich sie dieses Verhalten ab etwa zweieinhalb Jahren an den Tag legen. Mit anderen Worten: Eltern wird auffallen, daß die »frühkindliche Masturbation« zunimmt. Sie werden auch beobachten können, daß ihr Kind – vor allem, wenn es ein Mädchen ist – ein wachsendes Interesse an Babys zeigt und sich diesen zärtlich zuwendet. Außerdem fängt das Kind an, viele Fragen über Babys zu stellen, was wiederum vor allem auf kleine Mädchen zutrifft. Es wird sich auch nach den Genitalien erkundigen, nach seinen eigenen und denen von anderen, besonders denen der Geschwister und Eltern. Den Eltern wird auffallen, daß die Spiele ihrer zweieinhalb-, drei- und vierjährigen Kinder sehr häufig um das Thema Vater-Mutter-Kind kreisen.

Noch ein weiteres, komplexeres Verhalten kann beobachtet werden: Häufig wird die Beziehung des Mädchens zur Mutter offen konfliktreich und schwieriger. Eine erfahrene Mutter, die bis dahin eine sehr herzliche Beziehung zu ihrer 27 Monate alten Tochter hatte, stellte fest, daß das Verhältnis zu ihr ziemlich problematisch wurde. Eines Tages, als die Tochter zweieinhalb Jahre alt war, fragte die Mutter witzelnd in die Runde: »Möchte jemand sie für ein Jahr übernehmen?« Ein anderes kleines Mädchen von knapp drei Jahren schüttete mehrmals das Parfüm und den Puder ihrer Mutter in die Toilette. Einmal hatte sie die Sachen vorher selbst benutzt.

Das erste kleine Mädchen erzählte der Mutter, sie würde gerne mit ihrem Vater allein verreisen. Der Vater des zweiten Mädchens berichtete, daß seine Tochter ihn mit einem Augenaufschlag gefragt hatte, ob er mit ihr tanzen und ins Kino gehen würde. Ein ähnliches Phänomen zeigt sich auch in der Beziehung des kleinen Jungen zu Mutter und Vater. So sagte zum Beispiel ein Dreijähriger zu seiner Mutter, er wolle nicht, daß der Vater zum Abendessen nach Hause käme.

Wo liegt die Ursache für dieses Verhalten? Psychoanalytiker gehen schon seit geraumer Zeit davon aus, daß dies auf dem psychologischen Reifen des sexuellen Triebes beruht. Dieser Trieb, eine machtvolle Kraft im Dienste der Arterhaltung, tritt zum erstenmal etwa im dritten Lebensjahr deutlich in Erscheinung und löst die oben geschilderten Verhaltensweisen aus, die Ausdruck der frühkindlichen Sexualität sind. Diese einschneidende Entwicklung der Beziehung des Kindes zu Vater und Mutter wird als Ödipuskomplex bezeichnet.

Der Ödipuskomplex entwickelt sich wie folgt: Wenn ihr Kind etwa zwei Jahre alt ist, beobachten die Eltern erstmals, daß es ein wachsendes Interesse an den eigenen Genitalien zeigt und diese auch mit der Hand oder anderen Gegenständen berührt und stimuliert. Damit geht einher, daß es den Eltern Fragen über die Genitalien stellt:»Hat der und der auch einen Penis?« oder:»Wo ist der Penis von dem und dem?« Ein kleines Mädchen forderte beharrlich, daß die Mutter ihr ihren Penis zeigen sollte! Die ersten sexuellen Empfindungen scheinen keiner bestimmten Person zu gelten – sie können durch Mutters oder Vaters Knie ausgelöst werden –, sind aber manchmal auf harte Gegenstände wie bestimmte Spielzeuge gerichtet. Diese Gefühle sind nicht eindeutig mit Vater oder Mutter verbunden.

Dann, mit etwa zweieinhalb Jahren, werden die sexuellen Gefühle des Kindes zielgerichteter. Bei kleinen Jungen gelten sie meistens der Mutter, bei kleinen Mädchen vor allem, wenn auch nicht ausschließlich, dem Vater. Auch wenn die primäre Bindung zu Mutter und Vater im wesentlichen gleichbleibt, beginnen jetzt einige Veränderungen einzutreten. Wie wir bereits erwähnt haben, hatte zum Beispiel ein kleines Mädchen, das bis zum Alter von zwei Jahren eine sehr herzliche Beziehung zur Mutter hatte, jetzt erhebliche Konflikte mit ihr.

Einige Fragen, die sich hier stellen könnten, lauten: Wenn das alles stimmt, warum bringt das Kind dann seine sexuellen Gefühle der eigenen Mutter oder dem eigenen Vater entgegen? Ist das von der Natur nicht ein bißchen unklug eingerichtet? Warum gelten diese Gefühle nicht einem anderen Mann oder einer anderen Frau? Wäre es nicht besser, wenn sie von Anfang an einem anderen Menschen als Vater oder Mutter entgegengebracht würden, damit das Kind vor Inzest geschützt ist?

Zu dieser Zeit der Entwicklung scheint das Kind insgesamt gesehen ziemlich eindeutig ausgerichtet zu sein: der Junge meistens auf die Mutter, das Mädchen auf den Vater. Wir nehmen an, daß das folgenden Grund hat: Die neuen sinnlichen Empfindungen des Kindes folgen dem Pfad seiner Zuneigung. In diesem Alter haben sich seine Liebesgefühle für die Eltern bereits stabilisiert. Diese Tatsache – sowie die tendenziell heterosexuelle Ausrichtung sexueller Gefühle – ist der Grund dafür, daß die sexuellen Empfindungen des kleinen

Mädchens eher dem Vater als beispielsweise dem Postboten und die des kleinen Jungen eher der Mutter als der hübschen Nachbarin gelten. Da der sexuelle Trieb aber auch in diesem Alter bereits sehr stark ist, fließt der Überschuß an sinnlichen Gefühlen auch anderen Menschen zu.

Wenn das Kind seine sinnlichen Gefühle speziell dem anderen Geschlecht und damit Vater oder Mutter entgegenbringt, können wir eben beobachten, daß ein kleines Mädchen den Vater mit einem Augenaufschlag bittet, mit ihr tanzen oder ins Kino zu gehen oder mit ihr allein zu verreisen. Der kleine Junge wünscht sich, Vater möge zum Abendessen nicht nach Hause kommen, so daß das Kind mit der Mutter allein sein kann.

Natürlich werden diese Wünsche des Kindes vereitelt, und das ist auch vernünftig und hilft dem Kind sogar weiter. Es erlebt, daß jemand anders bekommt, was es sich vom Vater wünscht. Er geht nicht mit seiner reizenden Tochter tanzen und ins Kino, sondern mit deren Mutter. Und der kleine Junge erlebt natürlich das Entsprechende.

Die Folge ist, daß intensive Gefühle von Eifersucht in dem Kind aufkommen. Das erste kleine Mädchen von oben schoß im Spiel auf seine Mutter. Der kleine Junge will, daß sein Vater nicht zum Abendessen nach Hause käme. Dadurch entsteht ein starker Konflikt im Kind: Das kleine Mädchen möchte die von ihm geliebte Mutter erschießen; der kleine Junge wünscht sich, der geliebte Vater möge nicht nach Hause kommen. Wir alle wissen, daß Eifersucht ein äußerst schmerzliches Gefühl ist, das im Kind natürlich Feindseligkeit und Haß auf Vater oder Mutter auslöst. Ein äußerst schwieriger und bedrohlicher innerer Kampf spielt sich im Kind ab, der auf seinen ambivalenten Gefühlen beruht. Da der Rivale oder die Rivalin einer der beiden Menschen ist, die das Kind am meisten liebt, und da die Feindseligkeit und der Haß ziemlich intensiv sind, empfindet das Kind zugleich auch große Angst. Es befürchtet eine Strafe mit weitreichenden Konsequenzen. Insgesamt entsteht im Kind ein innerer Zustand – und ebenso eine äußere Situation –, dessen Bewältigung seine ganze Aufmerksamkeit und Kraft erfordert.

Das Kind kann diesen Konflikt nicht aushalten und entwickelt mehrere Bewältigungsmechanismen. Vor allem bekommt es akute Schuldgefühle. Diese beruhen auf dem inneren Kampf, der dadurch entsteht, daß das Mädchen ihre geliebte Mutter haßt und vernichten möchte. Und ähnliches erlebt der kleine Junge, der seinen geliebten Vater haßt und aus der Welt schaffen möchte.

Ein weiterer Lösungsversuch, der später erfolgt, sieht so aus, daß der kleine Junge versucht, den Wunsch nach einer Heirat mit Mutti aufzugeben, und das kleine Mädchen den Wunsch, seinen Vater zu heiraten.

Eine weitere Folge dieses Konflikts ist, daß das Kind versucht, die feindseligen Gefühle zu bändigen und zu kontrollieren, die gegen die geliebte Mutter oder den geliebten Vater in ihm ausgelöst wurden. Damit entwickelt es die Fähigkeit, konstruktiver mit diesen negativen Empfindungen, die nicht nur durch diesen, sondern auch durch andere Lebenskonflikte in ihm wachgerufen wurden, umzugehen und sie zu beherrschen.

Und noch etwas Wesentliches ergibt sich aus dieser Situation: Das Kind verstärkt seine Identifikation mit dem gleichgeschlechtlichen Elternteil und möchte wie er sein. Außerdem stellen sich noch einige weitere heilsame Entwicklungen ein, wie zum Beispiel die Verstärkung des Bedürfnisses, einige Wünsche und Gefühle umzusetzen.

Eine Folgewirkung dieses Konflikts ist besonders wichtig: Die Wünsche, die das Kind nicht aufgeben kann – die Gefühle von Haß und Rivalität, die das kleine Kind im Alter von etwa fünf Jahren nicht verarbeiten kann –, werden unterdrückt. Sie werden ins Unbewußte des Kindes verdrängt, wo sie, da sie nicht verändert oder bewältigt werden, weiterhin aktiv bleiben.

Interessanterweise tritt der Ödipuskomplex auch in Familien auf, wo der Vater, aus welchen Gründen auch immer, nicht anwesend ist. Wie ein Kind, daß von der Mutter allein großgezogen wird, diesen Prozeß erlebt, ist noch nicht eindeutig geklärt worden. Wahrscheinlich spielen mehrere Faktoren eine Rolle. Wenn der Vater wegen einer Trennung oder Scheidung nicht in der Familie lebt, fühlt das Kind sich aufgrund seiner ödipalen Wünsche oft verantwortlich für das Auseinandergehen der Eltern. Oder, was häufig der Fall ist, es »entdeckt«, daß es einen anderen Mann in Mutters Leben gibt. Das Kind weiß, daß der Vater früher, wie kurzfristig auch immer, da war, und erlebt seine sexuellen Wünsche als Verstoß. Ein weiterer Hauptgrund dafür, daß das Kind seine sexuellen Wünsche als verboten erlebt, ist die elterliche Reaktion auf diese kindlichen Empfindungen. Eltern, die verantwortungsbewußt handeln, verweigern natürlich sexuelle Wünsche, die das Kind an sie richtet, und weisen entsprechende Liebesbekundungen zurück.

Es gibt in bezug auf dieses Thema immer noch viele ungeklärte Fragen. Wir müssen auch hinzufügen, daß die kognitiven Fähigkeiten des drei- oder vierjährigen Kindes wahrscheinlich zum Auftreten dieses Komplexes beitragen. Diese beinhalten, daß das Kind aufnehmen kann, was es sieht und hört. Es kann erstaunlich komplizierte Gedankengänge verfolgen und hat ein reiches Phantasieleben. Das innere Gefühl oder »Wissen« – das möglicherweise auf dem Aufruhr des kindlichen Körpers beruht –, daß Mann und Frau sich für die Zeugung »zusammenschließen« müssen, kann ebenfalls zum Phänomen des Ödipuskomplexes beitragen.

Alles in allem verändert das Auftreten des Ödipuskomplexes die Beziehung des Kindes zu Mutter und Vater beträchtlich und erzeugt einen tiefgreifenden emotionalen Konflikt. Aber gleichzeitig leitet er im Kind enorm heilsame emotionale Entwicklungen und die Entfaltung der Persönlichkeit ein.

Wichtige spätere Entwicklungen in Beziehungen

Wir wollen im folgenden einige Worte zu den grundlegenden Tendenzen in Beziehungen sagen, die während der Grundschulzeit und im Jugendalter auftreten.

Die augenblicklichen sozialen Entwicklungen bringen tiefgreifende Veränderungen im psychischen Leben mit sich. Kinder werden früher zur Schule geschickt und von den ersten Lebensmonaten an in Krippen gebracht. Diese Umstände haben unweigerlich Einfluß auf Beziehungen, manchmal im positiven Sinne, manchmal aber auch nicht. Natürlich gibt es immer individuelle Abweichungen.

In jedem Fall aber erfährt die Beziehung zwischen Eltern und Kind während der Grundschuljahre bedeutende Veränderungen. Wie wir oben bereits genauer ausgeführt haben, kreisen die primären Aufgaben der emotionalen Entwicklung während der ersten fünf bis sechs Lebensjahre um die Kleinfamilie. In den ersten drei Jahren entwickelt sich zunächst das Selbst in Beziehung zu den Eltern – wie zum Beispiel die Theorie der Loslösung-Individuation es darlegt. Und danach tritt etwa mit zweieinhalb Jahren der Ödipuskomplex auf, der etwa bis zum sechsten Lebensjahr dauert und teilweise verarbeitet wird. Durch die Lösung des Ödipuskomplexes, die mit weiteren Faktoren einhergeht, wird das Kind gedrängt, Beziehungen außerhalb der Kleinfamilie einzugehen.

Wie wir bereits erwähnt haben, ist es hilfreich, Beziehungen auf der Grundlage ihrer Intensität zu betrachten. Beziehungen zu Eltern und Geschwistern können als primär, langfristige Kontakte mit anderen Erwachsenen und Gleichaltrigen dagegen als sekundär gelten. Die Einschätzung einer Beziehung beruht auf der Stärke und Qualität der emotionalen Bindung zwischen dem Kind und einem anderen Menschen. Ausgehend von dieser Betrachtungsweise sollten Sie einmal folgendes bedenken: Wie wichtig Gleichaltrige und andere Erwachsene für ein Kind unter fünf Jahren werden, hängt sowohl von der Qualität seiner Primärbeziehungen als auch davon ab, wie seine Bedürfnisse befriedigt werden. Wichtig ist hierbei außerdem die Qualität der sekundären Beziehungen, die das Kind mit Menschen eingeht, die nicht zur Familie gehören. Natürlich sind Kinder in bezug auf familiäre Beziehungen und Außenkontakte individuell verschieden. Wir benutzen hier ein Modell, das einfacher ist als das tatsächliche Leben, wenn wir behaupten, daß sich primäre Beziehungen und primäre Entwicklungsaufgaben während der ersten fünf Lebensjahre am optimalsten in der Kleinfamilie abspielen. Aber wir gehen davon unter anderem auch deswegen aus, weil wir es grundsätzlich für richtig halten. Im Rahmen dieses Modells können sekundäre Beziehungen äußerst bereichernd sein und tatsächlich eine entscheidende, heilsame Rolle spielen, vor allem wenn die primären Beziehungen nicht ausreichend sind.

Wir wollen jetzt zu dem Punkt zurückkehren, auf den es uns besonders ankommt. Die oben erwähnten sozialen Strömungen haben ohne Zweifel Auswirkungen auf die Art und die Qualität der Beziehungen von Kindern. In jedem Fall aber wird das fünf- oder sechsjährige Kind durch die partielle Bewältigung des Ödipuskomplexes zu Beziehungen außerhalb der Kleinfamilie gedrängt. Gleichzeitig bewahrt es eine tiefe emotionale Verbundenheit mit den Eltern. Während der Grundschuljahre werden Menschen, die nicht zur Familie gehören, für das Kind immer wichtiger, und zwar sowohl Erwachsene (vor allem Lehrerinnen und Lehrer) als auch gleichaltrige Kinder. Während dieser Zeit stellen vor allem Geschwister, zu denen das Kind eine primäre Beziehung hat, eine wichtige Verbindung zwischen der Familie und der Außenwelt dar.

Die Beziehung zu Gleichaltrigen und zu Lehrern kann sowohl erfüllend als auch frustrierend sein. Mit der eigenen Freundin zu spielen, ist nicht immer nur ein Vergnügen. Eltern machen manchmal den Fehler, daß sie glauben, das Kind, das draußen mit Freunden gespielt hat, habe eine schöne Zeit gehabt. Wenn es dann nach Hause kommt, muß es den Tisch decken oder Schulaufgaben machen. Die Eltern denken: »Du hast deinen Spaß gehabt, jetzt ist die Arbeit dran!« Das Problem aber ist, daß das Spielen mit den Freunden schmerzlich, frustrierend und enttäuschend sein kann und das Kind tatsächlich manchmal in Wut versetzt. Es kommt häufig vor, daß enge Freunde ihre eigenen Vorstellungen haben, die sich nicht mit denen Ihres Kindes decken. In diesen Freundschaften kann Ihr Kind sogar mißbraucht werden, wenn andere Kinder versuchen, auf dem Rücken Ihres Kindes eigene Schwierigkeiten und Verletzungen zu verarbeiten, denen sie unterworfen sind.

Die Hinwendung zu Menschen außerhalb der Familie ist während der Grundschuljahre dennoch sehr begrenzt. In dieser Zeit können Gleichaltrige das Kind noch nicht so beschützen und versorgen, wie die Eltern es tun, und deswegen kann das Kind sich auch nicht völlig auf sie verlassen. Die Eltern sind weiterhin von zentraler Bedeutung für das Leben des Kindes, und es wendet sich im Laufe seiner Weiterentwicklung immer wieder an sie, damit sie ihm bei den ständig wachsenden Anforderungen des Lebens beistehen.

Die nächste Entwicklungsphase bringt eine einschneidende Veränderung in Beziehungen mit sich. Die Jugendzeit ist, wie wir alle wissen, mit erheblichen Schwierigkeiten verbunden. Diese umfassen körperliche Veränderungen, durch die das Kind sich zum zukünftigen Erwachsenen entwickelt; das schwierige und aufregende Wachsen von Sexualität und Aggression; die Weiterentwicklung des Selbst und die

141

kontinuierliche Festigung der eigenen Identität; große Fortschritte in der Entwicklung kognitiver (geistiger) Fähigkeiten und der Intelligenz; Stimmungswechsel, die mit diesen Veränderungen und Herausforderungen einhergehen.

Eine ganz entscheidende Veränderung betrifft die Beziehungen des Jugendlichen. Das Verhältnis zu den Eltern, das bislang für das Leben des Kindes von zentraler Bedeutung war, wird allmählich ersetzt durch Freundschaften zu Gleichaltrigen. Dieser Umschwung in den Beziehungen, der insgesamt über einen Zeitraum von etwa zehn Jahren verläuft, sollte zu Beginn der Erwachsenenzeit abgeschlossen sein. Daß die Eltern imstande sind, den Teenager bei seinen Bemühungen um diese wichtigen Veränderungen in seinen Beziehungen zu unterstützen und, wo erforderlich, anzuleiten, ist äußerst wichtig. Wie wir alle wissen, ist diese Weiterentwicklung von Beziehungen ein sehr komplexes und mit vielen Schwierigkeiten und Ängsten verbundenes Phänomen.

Ein Hauptproblem für Eltern besteht darin, daß Jugendliche in diesem Stadium mit erheblichen Problemen zu kämpfen haben. Das zeigt sich besonders deutlich an ihren Stimmungswechseln, wie dem Bedürfnis, den Eltern einmal besonders nahe sein und zu anderen Zeiten nichts mit ihnen zu tun haben zu wollen, oder in einem Augenblick auf sie stolz zu sein und sich im nächsten für sie zu schämen. Das alles führt manchmal zu einem sehr konfliktreichen Verhältnis zwischen Jugendlichen und ihren Eltern. Problematisch ist auch, daß der Jugendliche seinen Eltern nahe ist, obwohl er doch zugleich gerade in bezug auf sie das notwendige Bedürfnis nach Trennung und Individualität empfindet, den Drang, die Eltern vom Thron zu stoßen, ihre Meinungen und Überzeugungen abzulehnen und anderes mehr.

Die Beziehungen zwischen Eltern und ihren heranwachsenden Kindern sind sehr unterschiedlich. Viel hängt von der Qualität der Beziehung im Laufe ihrer Entwicklung sowie von den Erfahrungen ab, die die oder der Jugendliche außerhalb der Familie macht.

Weitere Überlegungen zu einer optimalen Beziehung zwischen Eltern und Kind

Außer ihren Kindern Verständnis entgegenzubringen, ist es unserer Meinung nach auch von entscheidender Bedeutung, daß Eltern ihren eigenen Wahrnehmungen und Gefühlen vertrauen und sich im Umgang mit der kindlichen Aggression davon leiten lassen.

Es ist psychologisch nachgewiesen, daß wir alle, um uns optimal zu entwickeln, menschliche Beziehungen brauchen, die auf einer positiven emotionalen Verbindung beruhen, in denen wir über unsere gefühlsmäßigen Erfahrungen offen, direkt und aufrichtig kommunizieren können und in denen auf unser Bedürfnis nach emotionaler Bindung ebenso eingegangen wird wie auf unser Streben nach Individualität oder Autonomie. Wenn Eltern fähig sind, solche Beziehungen zu ihren Kindern aufzubauen, verläuft die Entwicklung des Kindes wahrscheinlich so optimal, wie es seine angeborenen Anlagen ermöglichen. Das Kind entfaltet sich dann dahin gehend, daß es sich auf andere Menschen positiv einlassen und außerdem seinem Alter entsprechend selbständig handeln kann. Damit wird die Entstehung von Feindseligkeit auf ein Minimum reduziert.

Wir müssen die Tatsache unterstreichen, daß die Persönlichkeitsentwicklung auch dann schwierig ist, wenn sie optimal verläuft. Denn Entwicklung und Veränderung bringen beispielsweise nicht nur Aufregung und Spaß angesichts all der neuen Fähigkeiten mit sich, sondern auch Angst vor dem Neuen, Fremden, Unsicheren. Außer von den vielen Schwierigkeiten begleitet zu sein, die sich normalerweise einstellen, geht das Aufwachsen auch mit Traurigkeit über unwiederbringliche Verluste einher, mit Ärger über Verletzungen und Schuldgefühlen, die darauf beruhen, daß wir immer selbständiger werden und uns von den Menschen, die wir lieben, entfernen. Anders gesagt: Starke und aufwühlende Gefühle wie Ärger, Angst, Traurigkeit und Schuld treten nicht nur bei äußeren Problemen oder Störungen auf, sondern auch dann, wenn die Entwicklung gut verläuft. Wenn diese Entwicklung optimal voranschreitet, hat ein Kind oder Jugendlicher jedoch über längere Phasen hinweg ein Gefühl von Freude, begleitet von Interesse, Neugierde und Kraft für selbständige Initiativen, Erkundungen, Arbeit und wichtige Beziehungen.

Die kindliche Entwicklung verläuft nicht geradlinig, sondern mit vielen Höhen und Tiefen. Außerdem geht sie meistens mit kleinen Schritten voran. Vielleicht verläuft der Prozeß der Entfaltung völlig unbemerkt, außer bei wichtigen Einschnitten wie dem ersten Lächeln des Säuglings, ersten Schritten und Worten, dem Eintritt in den Kindergarten und in die Schule sowie dem Schulabschluß. Die Entwicklung des Kindes ist nicht nur mit vielen Belastungen verbunden.

Nach unseren Beobachtungen ist der innere Druck, sich zu entfalten und Situationen zu meistern, so stark, daß wir, wenn wir auf einem Gebiet eine gewisse Kompetenz erreicht haben, selten Pause machen, um unsere Errungenschaften zu genießen. Wir beginnen fast sofort an einer neuen Entwicklungsstufe zu arbeiten oder kehren zu einer alten zurück, die sich erneut stellt und die wir noch nicht bewältigt haben.

Wachstum ist begleitet von Rückschritt und sogar von vorübergehender Auflösung. Das ist vor allem dann der Fall, wenn sich grundlegende Aspekte des kindlichen Systems verändern und positiv entwickeln, aber noch nicht gefestigt sind. An diesen Kreuzungspunkten der Entwicklung können wir Rückschritt oder Verwirrung erleben, die sich vor dem Hintergrund kleiner, aber bedeutsamer Anzeichen für Wachstum und eine grundsätzlich positive Richtung abspielen.

Ein Beispiel: Ein Kind, das anfängt, sich als getrenntes Individuum zu erleben, fühlt sich damit stark und voller Freude, auch wenn es sich vorübergehend verunsichert an die Mutter klammert. Wenn die Eltern für das Kind da sind, um sich mit seinem Kummer auseinanderzusetzen, und zugleich sein sich entwickelndes Gefühl für Individualität anerkennen, helfen sie ihm, mit seinen neuen Fähigkeiten sicherer zu werden. Das Kind spürt nicht nur, daß die Eltern für es da sind, sondern auch, daß sie sein Wachstum sehen und schätzen und in Zeiten der Unsicherheit Vertrauen und Zuverlässigkeit ausstrahlen. Es wird das unterstützende Eingehen der Eltern auf sein Wachsen und seine Veränderung mit ziemlicher Sicherheit verinnerlichen.

Es hilft uns, wenn wir eine positive Einstellung zu den unvermeidlichen Höhen und Tiefen haben, die im Verlauf der kindlichen Entwicklung auftreten, wenn wir erkennen, daß das Auftreten alter Ärgernisse, so schwierig es auch sein mag, eine weitere Gelegenheit für Kind und Eltern ist, sie zu bewältigen. Es gibt viele Situationen, in denen die Fürsorge für ein Kind und das Eingehen auf seine Bedürfnisse sowohl eine zentrale Entwicklungsaufgabe als auch eine Gelegenheit zum Wachsen und zur Entfaltung neuer Fähigkeiten darstellen – und zwar für beide, für Eltern und Kind.

Wenn wir unseren Kindern helfen, zu Individuen heranzuwachsen, die positive Beziehungen entwickeln können, ist es entscheidend, emotionale Kommunikation zu verstehen und offen dafür zu sein. Ein grundlegender Aspekt dieser Form der Kommunikation besteht darin, daß das Kind durch seinen Austausch mit den Eltern bei diesen ähnliche Erfahrungen wachruft, wie es selbst sie durchmacht. Das Kind löst bei den Eltern eine emotionale Reaktion aus. Die Bestürzung von Candys Mutter (die an früherer Stelle in diesem Kapitel erwähnt wurde) beruhte unter anderem darauf, daß sie die Verwirrung ihres Kindes einfühlend miterlebte.

Meistens verläuft diese einfühlende Kommunikation automatisch, ohne daß es dem Kind oder den Eltern bewußt ist. Eltern, die emotional für ihr Kind da sind und ihm ihre Aufmerksamkeit schenken, stellen manchmal fest, daß sie selbst sehr heftige Gefühle haben, ohne daß sie diese unbedingt verstehen oder hilfreich auf ihr Kind eingehen können. Das gilt besonders für intensive Emotionen wie Wut, Haß, Schuld, Angst und Traurigkeit, die natürlich äußerst unangenehm sein können. Außerdem möchten Eltern ihren Kindern gegenüber nicht gern Wut oder Angst empfinden. Beides kann dazu führen, daß Eltern ihr eigenes emotionales Erleben ignorieren oder sich dadurch überfordert und gelähmt fühlen.

Wenn das passiert, können Eltern das Kind wahrscheinlich nicht so gut unterstützen wie in anderen Zeiten. Das ist nicht nur deswegen der Fall, weil die Eltern sich emotional überfordert und dadurch gezwungen fühlen, die Mitteilungen ihres Kindes zu ignorieren, sondern auch, weil die emotionalen Erfahrungen der Eltern entscheidend dafür sind, daß sie verstehen, was ihr Kind erlebt. Das emotionale Erleben der Eltern stellt einen grundlegenden Kontakt zum Kind dar. Es ist die wichtigste Quelle für Informationen über die inneren Erfahrungen des Kindes in diesem Augenblick und der beste Wegweiser für ein helfendes Eingreifen.

Trotzdem müssen wir hier einen warnenden Hinweis einfügen: Eltern sollten nicht davon ausgehen, daß sie und das Kind immer das gleiche empfinden. Das kann an der tatsächlichen Situation vorbeigehen und birgt das Risiko, daß das kindliche Gefühl für Getrenntheit und Individualität verletzt wird. Es ist wichtig, daß Eltern versuchen, ihren eigenen Ärger und ihre eigene Wut zu verstehen und angemessen statt feindselig zum Ausdruck zu bringen. Wenn sie dabei feststellen, daß ihr Gefühl entweder zu intensiv oder nicht typisch für sie ist, sollten sie überlegen, ob ihr Kind dieses Gefühl in ihnen auslöst. Ein rasches Überdenken der Situation kann helfen, zu entscheiden, ob diese Möglichkeit zutrifft. Wenn ja, können Eltern dieses Verständnis nutzen, um hilfreich einzugreifen. Stimmt ihre Einschätzung und sie können ihr Kind angemessen unterstützen, hat das häufig eine positive Wirkung auf die Gefühle und das Verhalten des Kindes, auch wenn dies nicht sofort sichtbar wird.

Hier ein kurzes Beispiel, das diesen Prozeß des Einfühlens verdeutlicht. In diesem Fall löst das Kind bei seiner Mutter Wut aus, und diese kann ihre Erfahrung durch rasches Überlegen nutzen, um dem Kind zu helfen, statt ihm übertrieben feindselig zu begegnen:

Die Mutter eines zweijährigen Jungen fand es notwendig, dem Kind feste Grenzen zu setzen, als es versuchte, mit dem Finger in einer Steckdose zu bohren. Da sie jedoch in Eile war, sprach sie schroffer, als sie es sonst bei Verboten tat, und erklärte weder die Gründe für ihre Anweisungen, noch setzte sie sich mit der verärgerten Reaktion ihres Kindes auseinander. Sehr schnell war sie mit ihrem Kind in eine ganze Reihe unangenehmer Situationen verwickelt, in denen sie sich schikaniert, kontrolliert und voller Wut fühlte. Am liebsten hätte sie losgeschrien und ihr Kind geschlagen.
An diesem Punkt hielt sie inne und versuchte ihre Gefühle zu verstehen. Sie war verblüfft über die Heftigkeit ihres Ärgers – oder besser, ihrer Wut – und fragte sich, ob sie vielleicht dasselbe fühlte, was ihr Kind empfand. Als sie sich ihre jüngsten Konflikte noch einmal ins Gedächtnis rief, begriff sie, daß ihr Verbot, auch wenn es notwendig war, bei dem Kind Ärger ausgelöst hatte. Da sie ihm aber die Gründe für ihre Anweisungen nicht mitgeteilt und sich nicht die Zeit genommen hatte, sich mit seinem Ärger auseinanderzusetzen, konnte es sehr wohl sein, daß der Junge sich schikaniert und übertrieben kontrolliert fühlte, was ihn in Wut versetzte.
Jetzt konnte sie ihrem Kind die Gründe für ihr Verbot sagen, sich entschuldigen, daß sie das nicht schon früher getan hatte, und erklären, warum sie es

unterlassen hatte. Als sie dann selbst ruhiger wurde, stellte sie fest, daß ihr Sohn bereit war, sich von ihr trösten zu lassen. Da sie sich bemüht hatte, ihre Wut zu verstehen, konnte sie verhindern, daß ein feindseliger Austausch eskalierte, und sie konnte ihrem Kind helfen, mit seinem eigenen Ärger umzugehen.

Abschließend wollen wir zwei weitere Situationen betrachten, in denen ein Kind Eltern, die emotional für es da sind, verärgern kann. In der ersten Situation – die nicht leicht zu entschlüsseln ist und oft nicht bedacht wird – widersetzt sich das Kind den Eltern willentlich, um sich psychisch von ihnen zu distanzieren und seine Autonomie zu behaupten. Hier setzt das Kind seinen Ärger ein, um einen emotionalen Abstand zu schaffen und damit seine zunehmende Selbständigkeit und Individualität voranzutreiben. Das ist ganz offensichtlich der Fall, wenn zum Beispiel ein Zweijähriger auf das Angebot der Mutter, ihm ein Eis zu kaufen, automatisch mit »Nein!« antwortet. Die gleiche Dynamik kann sich abspielen, wenn ein kleines Kind (aber auch Jugendliche können sich so verhalten) trotz Mutters Verbot nach deren Tasse mit heißem Kaffee greift und erst damit aufhört, wenn die Mutter mit einer Strafe droht. Es ist wichtig, daß Eltern das kindliche Bedürfnis nach Autonomie erkennen und gleichzeitig auf eine positive Weise für das Kind da sind, wenn es bereit ist, die enge Beziehung zu den Eltern, die es vorübergehend stören mußte, wiederaufzunehmen.

In der zweiten Situation kann ein Kind die Eltern provozieren, um zu sehen, wie diese mit ihrem Ärger umgehen – ein Gefühl, mit dem das Kind selbst so schwer zurechtkommt. Und auch hier handelt das Kind meistens unbewußt. Das Kind testet: Kann Mutter verärgert sein, ohne sich von ihren Gefühlen überrennen zu lassen, einen Wutanfall zu bekommen, sich destruktiv zu verhalten oder ihr Gefühl zu ignorieren? Wenn ja, macht das Kind eine hilfreiche Erfahrung im Umgang mit Ärger, die es wahrscheinlich verinnerlicht. Es identifiziert sich mit der Mutter und lernt, mit seinem eigenen Ärger besser umzugehen.

In beiden Situationen ist es nützlich, wenn das Kind sehen kann, daß der Ärger der Eltern durch Liebe ausgeglichen wird. Das ist dann der Fall, wenn die Eltern, obwohl sie verärgert sind, sich nicht übermäßig feindselig verhalten und/oder nicht zu lange in ihrem Ärger verharren. Damit zeigen sie dem Kind, daß ihr Ärger ihrer Liebe zu ihm keinen Abbruch tut.

Die Qualität der Verbundenheit mit den Eltern ist ausschlaggebend für die Qualität der kindlichen Aggression

Bei der Erörterung der Frage, wie wir unseren Kindern helfen können, mit ihren Aggressionen umzugehen, haben wir betont, daß eine positive emotionale Bindung zwischen Kind und Eltern für die Förderung einer gesunden Aggressivität (das heißt Selbstbehauptung) ebenso zentral und wichtig ist wie dafür, das Entstehen extremer Feindseligkeit zu verhindern. Liebe, deutlich geäußerte Zuneigung zu unseren Kindern, Respekt für sie und ihre Empfindsamkeiten, Mitgefühl und das Bemühen, ihr Verhalten und ihre Äußerungen von Geburt an zu verstehen – das alles trägt entscheidend zur Entwicklung einer positiven Bindung bei. War es nicht möglich, daß ein Kind solche Erfahrungen »von Geburt an« machen konnte, ist es niemals zu spät, damit anzufangen und sich mit den Kindern oder Jugendlichen in positiver Form auszutauschen.

Wir haben betont, daß eine positive Bindung die beste Versicherung für Eltern ist, daß sie ihren Kindern wirklich helfen, mit dem Ärger, der Feindseligkeit und dem Haß umzugehen, die im Laufe einer normalen Entwicklung aufkommen. Wir müssen noch einmal unterstreichen, daß selbst die beste Erziehung viele extrem unangenehme Erlebnisse mit sich bringt und damit auch Feindseligkeit und Haß auf die eigenen Eltern. Verbote, die für die Erziehung jedes Kindes notwendig sind, stellen eine primäre Ursache für extreme Unlust dar. Das gleiche gilt für unvermeidliche Trennungen, wenn eine Mutter zum Beispiel berufstätig ist und jeden Morgen aus dem Haus gehen muß. Manchmal können Eltern aufgrund ihrer eigenen emotionalen Verfassung für ihre Kinder nicht dasein und damit bei diesen extreme Unlust auslösen. Und doch können Eltern auch mit solchen Situationen so umgehen, daß sie das Wachstum ihres Kindes fördern.

Ein Vater, der den Tod seines eigenen Vaters betrauerte, war zum Beispiel zu sehr mit sich beschäftigt, um auf seinen vierjährigen Sohn Tommy einzugehen, der gerade hingefallen war und sich am Knie verletzt hatte. Tommy, der sieht, daß sein Vater mit sich selbst zu tun hat, schmollt, sagt aber nichts.

Eine halbe Stunde später erwacht der Vater aus seiner Versunkenheit und bemerkt, was geschehen ist. Als Tommy und er zusammen sind, ergreift er die Gelegenheit und sagt zu seinem Sohn:»Weißt du, ich habe gesehen, daß du hingefallen bist. Es tut mir leid. Ich habe an Opa gedacht und war sehr traurig. Alles in Ordnung mit dir?« Tommy zeigt auf sein Knie, ohne ein Wort zu äußern. Der Vater sagt:»Laß mal sehen.« Einen Augenblick lang scheint Tommy sich zu weigern, dann aber geht er zu seinem Vater hin und sagt:»Nicht schlimm, Vati.« Und er tröstete damit seinen Vater.

In Situationen wie diesen kann das Eingeständnis des Vaters, emotional nicht für das Kind da gewesen zu sein, bereits als solches eine wiedergutmachende Wirkung haben.

Je stabiler die positive Bindung zwischen Kind und Eltern ist, desto besser ist das Kind imstande, konstruktiv mit der Feindseligkeit umzugehen, die in ihm in Gang gebracht wird. Das führt nicht nur zur Verarbeitung dieser Feindseligkeit und des Hasses, sondern auch zu einer gesunden Anpassung sowie der Fähigkeit, zu lernen und zu übertragen. Durch eine positive Bindung verringern sich die ambivalenten Gefühle und können mit der Zeit besser aufgelöst werden.

Liebe ist ohne Frage der entscheidendste Faktor für eine gute Erziehung unserer Kinder. Natürlich können wir Eltern die Liebe nicht lehren. Glücklicherweise bringen die meisten Eltern ihren Kindern aber eine tiefe Liebe entgegen. Doch so wichtig und wesentlich Liebe auch ist, sie reicht nicht, um eine wachstumsfördernde Erziehung sicherzustellen. Wir möchten einige weitere Hauptfaktoren hinzufügen, die sich speziell darauf beziehen, daß wir unseren Kindern mit unserer Liebe helfen, mit ihren Aggressionen umgehen zu lernen.

Eltern können die positive Bindung, die so entscheidend für das Verhindern extremer Feindseligkeit ist, auf folgende Weise fördern:

Eltern müssen von der Säuglingszeit bis ins Jugendalter *für ihre Kinder in ausreichendem Maße emotional verfügbar sein.* Das bedeutet, daß sie nicht nur körperlich präsent, sondern auch zu einem emotionalen Austausch bereit sind, wenn das Kind ihn braucht.

Es wird immer Zeiten geben, in denen es Eltern nicht möglich ist, körperlich oder emotional für ihre Kinder verfügbar zu sein. Wenn das der Fall ist, sollten Sie dafür sorgen, daß Sie zumindest nach solchen Zeiten für Ihr Kind so bald wie möglich emotional ansprechbar sind. Damit können Sie ausgleichend auf das Kind einwirken.

Wenn die Mutter arbeitet und den Anruf ihres ängstlichen Kindes nicht annehmen kann, kann sie diesem doch ausrichten lassen, daß sie es baldmöglichst zurückruft.

Wenn ein Kind die Erfahrung gemacht hat, daß die Eltern sich ihm sobald wie möglich zuwenden, müssen diese auf ihr Kind nicht immer genau in dem Moment eingehen, wo es sie braucht. Natürlich hat dieses »Sobald-wie-Möglich« Grenzen und kann nicht heißen, in zwei Jahren oder dann, wenn das Kind zum Jugendlichen herangewachsen ist. Wir sprechen hier von Zeiträumen von ein, zwei oder vielleicht auch fünf Stunden.

Natürlich gibt es auch Umstände, unter denen ein kleines Kind fähig ist, noch länger zu warten. Wenn die Mutter zum Beispiel krank ist und mehrere Tage nicht für das Kind dasein kann, wird es die Tatsache hinnehmen, daß die Mutter sich ihm erst wieder zuwenden kann, wenn sie sich besser fühlt. Aber wenn das kleine Kind sehen kann, daß der Mutter nichts Besonderes fehlt und diese sich dem Kind trotzdem stunden- oder tagelang nicht zuwendet, hat es wahrscheinlich das Gefühl, daß sie emotional nicht für es verfügbar ist.

Eine weitere zentrale Eigenschaft, die alle Eltern brauchen, ist *Einfühlungsvermögen*. Es ist wichtig, daß Eltern versuchen, zu fühlen, wahrzunehmen und zu begreifen, was das Kind erlebt und wie es das mit seinem Verhalten ausdrückt. Das gilt sowohl für sehr kleine Kinder als auch für Jugendliche. Da Einfühlungsvermögen die Fähigkeit ist, zu empfinden, was ein anderer Mensch innerlich durchmacht, ohne selbst davon im gleichen Maße betroffen zu sein, können wir diese Eigenschaft am besten fördern, indem wir uns in das Kind hineinversetzen und nachspüren, welche Gefühle es durchlebt. Auf dem Hintergrund dieser Erfahrung können Eltern dann auf das Kind eingehen. Schließlich kennen wir alle das alte Sprichwort: »Was du nicht willst, das man dir tu, das füg' auch keinem andern zu.« Bei der Kindererziehung kann dieser Grundsatz sowohl für das Kind als auch für die Eltern äußerst wohltuende Folgen haben.

Eltern, die einfühlend sind und ihr kleines Kind respektieren, wenden sich ihm zu, wenn es sie braucht, und können erkennen, wann das Kind gehalten werden muß und wann es sich von ihnen lösen will. Ihr Einfühlungsvermögen sagt ihnen, wann das Kind Dinge allein tun und seinem Streben nach Autonomie und Selbstentwicklung folgen muß.

Mütter berichten oft, sie hätten gehört, ihr Kind würde übertrieben abhängig, wenn sie es »zu oft auf den Arm nehmen«. Allgemein betrachtet ist das falsch. Auch wenn es vorkommt, daß Eltern ihr Kind zu oft halten, ist das meistens dann der Fall, wenn sie die Wünsche und Bedürfnisse des Kindes nicht entschlüsseln können. Eine Mutter zum Beispiel, die darauf besteht, daß ihr Kind auf ihrem Schoß sitzen bleibt, obwohl es deutlich macht, daß es heruntergelassen werden möchte, drängt dem Kind ihren eigenen Wunsch nach Nähe auf, ohne sein Bedürfnis nach Eigenständigkeit zu bemerken. Die Wünsche, die das Kind zum Ausdruck bringt, sind von Geburt an erkennbar. Wenn Eltern diese Äußerungen einfühlsam entschlüsseln, können sie auch sensibel auf die Bedürfnisse des Kindes eingehen und wissen, wann es auf den Arm genommen und wann es heruntergelassen werden möchte. Die Körpersprache ist meistens sehr aussagekräftig, auch bevor das Kind sich verbal äußern kann. Wir alle wissen zum Beispiel, daß ein kleines Kind sein Bedürfnis nach Nähe ausdrückt, indem es die Arme nach den Eltern ausstreckt, sich an Mutters Beine klammert und in Mutters Richtung und/oder an dieser zieht. Strebt es jedoch weg von der Mutter, wendet es sich meistens von dieser ab und windet sich von ihrem Schoß oder aus ihren Armen. Das angemessene Eingehen auf Verhaltensweisen wie diese stellt sicher, daß die Mutter den kindlichen Bedürfnissen entsprechend handelt. Das heißt, daß die kindlichen Wünsche nach Nähe und Distanz respektiert werden.

Deswegen ist es falsch, zu sagen, daß ein Kind, das von der Mutter gehalten wird, weil es den Wunsch danach zum Ausdruck brachte, übermäßig abhängig wird. Tatsache ist, daß kleine Kinder, die auf den Arm genommen werden, weil sie darum bitten, wahrscheinlich irgendwann auch wieder heruntergelassen werden möchten. Deshalb ist die Gefahr einer übertriebenen Abhängigkeit hier geringer, als wenn der Wunsch des Kindes, gehalten zu werden, zu oft abgeschlagen wird. Solche nicht erfüllte Wünsche verlangen weiterhin lautstark nach Befriedigung und fördern eine größere Bedürftigkeit. Außerdem weiß jede Mutter, daß das kleine Kind meistens nicht sehr lange auf ihrem Schoß sitzen bleibt, wenn es sich sicher fühlt.

Eng verbunden mit der Notwendigkeit, Einfühlung zu entwickeln, ist die, *das Kind zu respektieren.* Damit meinen wir, daß Eltern von Geburt an ständig bewußt sein sollte, daß das Kind eine eigene Person sowohl mit bestimmten Empfindsamkeiten und Verletzlichkeiten als auch mit Stärken und Fertigkeiten ist, die seinem Alter entsprechen. Was es heißt, das Kind zu respektieren, wird deutlich, wenn Eltern sich fragen: »Möchte ich so behandelt werden, wie ich mein Kind behandle?«

Eltern sollten ihr Kind bereits von Geburt an respektieren, ja im Grunde schon dann, wenn das Kind noch im Mutterleib ist! Das wird ihr Einfühlungsvermögen fördern, so daß sie besser wahrnehmen können, ob ihr Kind – sei es nun ein Säugling oder ein Jugendlicher – Nähe, Trost und Anleitung oder Alleinsein braucht, um sich und die Eltern als eigenständige Menschen und sich selbst als ein Individuum zu erleben, das getrennt ist von denen, die es liebt.

Wenn Eltern sich mit ihrem kleinen Kind auf *Aktivitäten einlassen*, die sein Wachstum fördern, unterstützen sie das Kind auch in der Entwicklung von Vertrauen und seines Selbstgefühls, in seiner Selbständigkeit und der Entwicklung von Fertigkeiten, Regeln und Lernfähigkeit. Das kann in der Form geschehen, daß Eltern mit dem Kind altersgerechte Spiele spielen und oder ihm etwas beibringen – was Eltern automatisch tun, wenn sie ihren Kindern zum Beispiel Worte und Zahlen vorsprechen oder ihnen helfen, laufen zu lernen.

Wenn Eltern mit ihren Kindern gemeinsam etwas unternehmen – vor allem spielen –, kann vieles passieren, was die Qualität ihrer Beziehung auf erstaunliche Weise fördert. Wenn Sie Gelegenheiten finden, Ihrem Kind etwas beizubringen – zum Beispiel, wie und warum ein Glas Saft überschwappt und daß ein Pappbecher zusammengedrückt und sein Inhalt verspritzt wird, wenn man zu fest danach greift –, geben Sie ihm nicht nur erste Unterweisungen in Physik, sondern fördern ganz allgemein seinen Lernprozeß. Wenn Eltern mit ihren Kindern spielen, dann meistens in einer Atmosphäre, in der sowohl das Kind als auch die Eltern ihr Zusammensein genießen können und guter Laune sind. Diese Form des Austauschs ist in der Regel äußerst günstig für eine optimale Eltern-Kind-Beziehung, selbst wenn manchmal Schwierigkeiten auftreten, wie zum Beispiel bei Gewinnspielen.

Problematisch kann es jedoch werden, wenn Eltern sich nicht in ihr Kind einfühlen können und zu weit gehen. So kommt es beispielsweise nicht selten vor, daß der Vater es beim Raufen mit seinem Kind, das gerade laufen lernt, übertreibt. Er kann dabei die Toleranzschwelle des Kindes überschreiten, so daß es die Rauferei als unangenehm empfindet. Wir alle haben bestimmt schon einmal gehört, wie eine Mutter den Vater verärgert ermahnt, er solle mit dem Kind nicht so grob umgehen. Eine Rauferei jedoch, bei der der Vater die kindliche Toleranzgrenze nicht aus den Augen verliert und bei der er nicht zu weit geht, kann äußerst lustvoll, aufregend, befriedigend und mit sehr viel Zuneigung verbunden sein. Mit einfühlsamen Vätern können Kinder sehr viel Spaß haben!

Beim Spielen mit älteren Kindern gibt es natürlich auch die Schwierigkeit, mit Regeln und dem Verlieren zurechtzukommen. Solche Situationen erfordern sehr viel Sensibilität und Geschick von seiten der Eltern. Insgesamt jedoch ist das gemeinsame Spielen von Kindern und Eltern meistens eine Zeit des herzlichen, liebevollen Austauschs voll gegenseitiger Zuneigung, die selbst dann, wenn es Enttäuschungen gibt, als angenehm in Erinnerung bleibt. Diese Erinnerungen schaffen ein Gegengewicht zu den Zeiten, in denen Eltern und Kinder im Streit miteinander sind und beim Kind Feindseligkeit ausgelöst wird.

Wir möchten nochmals darauf hinweisen, wie wichtig es ist, daß wir *mit unseren Kindern von Geburt an sprechen.* Es ist äußerst lohnenswert, wenn wir unseren Kindern Dinge erklären. Wie ist etwas entstanden? Was hat Vater wütend auf das Kind gemacht? Warum muß Mutter aus dem Haus gehen, und wann kommt sie zurück? Das alles und vieles mehr muß erklärt werden. Reden, erklären, die Fragen des Kindes beantworten – all das fördert eine positive Beziehung zwischen Eltern und Kind. Das schließt keinesfalls aus, daß Eltern zu bestimmten Zeiten ihr Bedürfnis nach Ruhe anmelden oder etwas anderes zu tun haben und nicht mit dem Kind sprechen können. Aber es ist wichtig, daß Sie sich bewußtmachen, wie wertvoll es ist, mit Ihrem Kind zu reden. Wir haben immer wieder darauf hingewiesen, daß Eltern, denen es wichtig ist, daß ihre Jugendlichen in schwierigen Zeiten mit ihnen im Gespräch bleiben, diesen Prozeß einleiten sollten, indem sie selbst mit ihren Kindern von Geburt an sprechen.

Und ein letzter, aber keinesfalls unwichtiger Punkt: *Respektieren Sie sich selbst.* Verpflichten Sie sich, Ihrem Kind so gut wie möglich zu helfen. Arbeiten Sie daran, eine positive Beziehung zu ihm aufzubauen. Helfen Sie dem Kind, mit seinen Aggressionen umzugehen. Niemand wird sich so sehr bemühen wie Sie, und niemand wird einen so wertvollen und wirkungsvollen Einfluß auf das Kind haben. Hören Sie Ihrem Kind zu, und versuchen Sie so ehrlich wie möglich zu sein. Versuchen Sie zu verstehen, was zwischen Ihnen und Ihrem Kind geschieht und was Ihr Kind braucht. Aber seien Sie nicht zu streng mit sich, und erwarten Sie nicht zuviel von sich. Eltern zu sein, ist harte Arbeit. Auch Väter und Mütter sind manchmal verärgert und haben Schuldgefühle. Die Entwicklung verläuft für die Eltern ebensowenig geradlinig wie für das Kind. Auch Eltern erleben Zeiten der Verwirrung und der Rückschläge, während sie in ihre Rolle hineinwachsen. Das alles ist Teil der Entwicklung. Lernen Sie aus den unvermeidbaren schweren Zeiten, in denen Sie mit sich als Vater oder Mutter nicht zufrieden sind. Das Wichtige ist, daß Sie weiterhin versuchen, Ihrem Kind zu helfen. Ihr Kind wird Ihr aufrichtiges Bemühen spüren und schätzen, auch wenn Sie ihm mit Ihrem Verhalten nicht immer weiterhelfen können. Sie werden häufig Gelegenheit haben, für einen Ausgleich zu sorgen. Vertrauen Sie Ihren eigenen Gefühlen und Wahrnehmungen. Aber vor allem sollten Sie all das wahrnehmen und genießen, was Sie und Ihr Kind richtig machen.

10 Zusammenfassung

In Kapitel 1 haben wir ein Modell vorgestellt, mit dessen Hilfe wir verstehen können, was Aggression ist, was sie bei Kindern bewirkt und wodurch sie bei ihnen ausgelöst wird. Unsere Hoffnung dabei ist, Eltern Wege aufzeigen zu können, wie sie eine gesunde Aggression fördern und die Probleme verhindern oder abschwächen, die destruktive Aggression für Kinder, Eltern und die Gesellschaft schafft.

Wir haben darauf hingewiesen, daß Aggression sich entwickelt: Die Elemente von Aggression, mit denen wir geboren werden, und ihre tendenzielle Aktivierung werden durch die Erfahrungen geprägt, die wir machen.

Aggression spielt in unserem Leben eine große Rolle, was für uns alle weitgehend sichtbar ist. Aggression ist, zusammen mit Sexualität und der Entwicklung des Selbst, der größte motivierende Faktor menschlichen Verhaltens und trägt bedeutend zur Entstehung innerer geistiger Konflikte bei. Eltern haben die herausragende Möglichkeit und die große Verantwortung, das kreative und anpassungsfähige Potential von Aggression bei ihren Kindern zu fördern und diesen beizubringen, mit den destruktiven Aspekten möglichst konstruktiv umzugehen.

Wenn wir unseren Kindern helfen wollen, optimal mit ihrer inneren Aggression zurechtzukommen, ist unsere Beziehung zu ihnen dafür der beste Rahmen. Niemand hat einen größeren Einfluß auf die Entwicklung der kindlichen Aggression als das Kind selbst und seine Eltern. Der Aggressionsfluß, der sich gegen uns selbst und andere richtet – wo er letzten Endes die größten Folgen hat –, wird innerhalb der Eltern-Kind-Beziehung deutlich. Hier werden die grundlegenden Muster der Aktivierung, Regulierung und Entladung von Aggression entwickelt. Hier lernen Kinder, mit Aggression umzugehen.

Im Laufe unserer jahrelangen Beobachtung von und Arbeit mit Kindern und ihren Eltern (meistens Müttern) mußten wir feststellen, daß es zwischen Eltern und Kind immer wieder zu Begegnungen kommt, bei denen starke Aggressionen im Spiel sind. Dabei kann die Aggression des Kindes entweder in eine gesunde Richtung gelenkt werden oder eine ungesunde Entwicklung nehmen, was ganz davon abhängt, wie die Eltern mit solchen Situationen umgehen. Wir wissen aufgrund unserer Arbeit, daß wir vieles tun können, um eine positive Entfaltung von Aggression zu fördern, die als Kraft für eine gesunde Anpassung und ein erfolgreiches Leben so wichtig ist und trotzdem so schnell zu Schmerz und ernsthaften Problemen führen kann.

Wir hatten nicht die Absicht, hier sämtliche Aspekte von Aggression zu berühren. Das ist nicht notwendig. Wie wir bereits an früherer Stelle ausgeführt haben, können Eltern, die die grundlegenden emotionalen Erfahrungen begreifen, die sich auf ihre Kinder tiefgehend auswirken und sie als Eltern herausfordern, dieses Wissen mit etwas Phantasie auch auf andere Situationen als die hier beschriebenen übertragen. Wir haben festgestellt, daß Eltern das, was sie mit uns über ihre Kleinkinder gelernt haben, genial und kreativ bei ihren Teenagern einsetzen. Sie haben die Erfahrung gemacht, daß die in diesem Buch ausgeführten Grundlagen auf die Erziehung von Kindern jeglichen Alters anwendbar sind. Auf diesem Hintergrund sind wir davon ausgegangen, daß, wenn wir Eltern helfen können, einige wenige typische und häufig auftretende Formen des Austauschs zwischen sich und ihren Kindern zu verstehen, dieses Verständnis ihnen in sämtlichen Lebenslagen dient. Dies liegt nicht zuletzt daran, weil Eltern sich so bewundernswert auf ihre Kinder einstellen und diesen mit Erfindungsreichtum und dem ständigen Bemühen begegnen, Probleme zu lösen und mit neuen Situationen zurechtzukommen.

Wir haben herausgefunden, daß bestimmte entscheidende Situationen, in denen Eltern am Scheideweg zwischen einer gesunden und einer schwierigen Entwicklung stehen, tatsächlich häufig auftreten. Alle Eltern wissen das und machen sich deswegen große Sorgen. Der eine Weg kann zu schädlichen Einwirkungen führen, der andere zu Wachstum und geistiger Gesundheit.

Kinder sind nicht zerbrechlich, auch wenn sie sensibel sind. Es kommt sehr darauf an, wie Eltern sich verhalten. Glücklicherweise bekommen wir als Eltern viele Chancen, weil die Entwicklung über Jahre hinweg verläuft und Fehler jeglicher Art wiedergutgemacht werden können. Solange diese Fehler nicht zu gravierend sind, nicht zu häufig vorkommen und von wohlmeinenden Eltern begangen werden, die ihre Kinder lieben und respektieren, sind sie korrigierbar. Wir sind zu dem Ergebnis gekommen, daß viele Begegnungen zwischen Eltern und Kind in bestimmte Kategorien eingeteilt werden können. Also haben wir entsprechende Situationen ausgewählt, in denen die Selbstbehauptung des Kindes gefördert und übertriebene Feindseligkeit gemildert werden können. Unserer Erfahrung nach sind solche entscheidenden Formen des Austauschs klar definierbar. Werden sie erst einmal erkannt, können sie sowohl für die Eltern als auch für das Kind leicht zum Positiven beeinflußt werden.

1. Wir haben immer wieder betont, daß der *konstruktive Umgang mit Erfahrungen von extremer Unlust* an der Schwelle zur Mobilisierung von Feindseligkeit stattfindet. Wir alle müssen imstande sein, verärgert und – unter bestimmten Umständen – auch feindselig zu werden. Aber wir müssen solche Situationen konstruktiv erkennen und damit umgehen lernen, denn extreme Feindseligkeit zieht sowohl für uns als auch für andere alle möglichen Probleme nach sich. Der beste Zeitpunkt zu erkennen, ob die Feindseligkeit unseres Kindes ins Extrem wächst oder nicht, liegt dort, wo sie erzeugt beziehungsweise ausgelöst wird.

2. *Die autonomen Bestrebungen des Kindes in ausreichendem und angemessenem Maße zulassen* bedeutet vor allem, die Wohnung kindersicher einzurichten, wie Dr. Spock bereits vor vielen Jahren gesagt hat. Man weiß seit langem, daß damit gefährlichen Situationen für das kleine Kind vorgebeugt werden kann. Aber wir können damit auch extreme Frustration und ein entsprechendes Anwachsen von Feindseligkeit verhindern. Auch Machtkämpfe zwischen Eltern und Kind kommen in einer kindgerechten Umgebung seltener vor, was die Chance für die Erzeugung und Mobilisierung von feindseligen und ambivalenten Gefühlen noch weiter verringert.

Kindersicheres Wohnen schafft auch einen sicheren Rahmen für den energetischen Antrieb des Kindes zu Autonomie, Selbstbehauptung und zur Beherrschung bestimmter Fähigkeiten und fördert damit sein Interesse und sein Lernen. Allen Eltern ist bewußt, daß ihr Kind schon lange vor der Schulzeit zu lernen beginnt. Bereits acht Monate alte Kinder zeigen bei ihren Forschungsaktivitäten sehr viel Neugierde und Aufmerksamkeit. Sie beginnen mit der Erkundung ihres eigenen Universums und verfolgen ihre Interessen mit sehr viel Energie und Lust. Diese Lust kann jedoch schnell verschwinden – und sich in Unlust verwandeln –, wenn das Kind in seinen Unternehmungen zu oft eingeschränkt wird. Hier beginnt sein Schülerdasein, und wir sind davon überzeugt, daß das kleine Kind in seiner Lernfähigkeit gefördert wird, wenn die Eltern sein beginnendes Interesse und seine Lust am Erkunden von Neuem schützen und zu nutzen wissen. Wenn die Wohnung so eingerichtet ist, daß das Kind seinen Forschungen ungefährdet nachgehen kann, ist das ein wichtiger Beitrag zu dieser Entwicklung.

3. Wenn die Eltern *Grenzen setzen*, ist das oft der Auslöser für äußerst schwierige Situationen zwischen ihnen und ihrem Kind. Verbote, die zum Schutze des Kindes notwendig sind, müssen früher ausgesprochen werden, als uns lieb ist, verlangen uns mehr ab, als wir erwartet haben, und führen zu Problemen, da sie sowohl beim Kind als auch bei den Eltern Feindseligkeit auslösen. Das Setzen von Grenzen ruft beim Kind und bei den Eltern unweigerlich ambivalente Gefühle hervor, die in bedeutendem Maße zu Schwierigkeiten in menschlichen Beziehungen und zu inneren Problemen von Menschen beitragen. Wir glauben, daß das Aussprechen von Verboten eine kritische und, insgesamt gesehen, schwierige Angelegenheit ist. Auch hier stehen Eltern viele verschiedene Wege offen, die äußerst konstruktiv sein können – oder auch nicht. Wenn Eltern verstehen, daß Grenzen bei der Erziehung von Kindern ebenso unvermeidlich sind wie der Ärger, den sie auf ihre geliebten Kinder empfinden, kann das die Schuldgefühle verringern, die viele von ihnen an diesem kritischen Punkt der Kindererziehung bekommen.

4. Der Kern des Ganzen besteht darin, *dem Kind beizubringen, mit Ärger und Feindseligkeit in angemessener und akzeptabler Form umzugehen und diese Gefühle entsprechend zum Ausdruck zu bringen.* Wenn Eltern wissen, was Aggression ist, daß sie zum einen

für die Anpassung, die Arbeit und ein produktives Leben notwendig ist und zum anderen sowohl der eigenen Person als auch anderen Schaden zufügen kann, fällt es ihnen leichter, zu bestimmen, was an diesen Gefühlen akzeptabel ist und was nicht. In dem Wissen, daß extreme Unlust Feindseligkeit im Kind auslöst, können viele Eltern erkennen, daß ihre Kinder nicht »böse« sind, wenn sie Ärger zeigen, sondern vielmehr extremen Kummer erleben. Das ist es, was feindselige Gefühle in ihnen auslöst. Wenn Eltern begreifen, daß sie ihre Kinder in bestimmten Situationen frustrieren und ihnen »auf die Zehen treten müssen«, verstehen sie auch, warum ihre geliebten Kinder sie manchmal hassen. Wenn wir Kindern helfen, solche belastenden Gefühle angemessen zum Ausdruck zu bringen, ist das ein enormer Schutz für sie.

5. *Der Umgang mit Wutanfällen und Jähzornesausbrüchen* gehört zu den schwierigsten und kritischsten Aufgaben in der Entwicklung – sowohl für das Kind als auch für die Eltern. Mehr als jede andere Interaktion zwischen Eltern und Kind stellen Wutanfälle für Eltern eine problematische Situation dar und führen beim Kind zu Schwierigkeiten bei der Entwicklung von Aggression. Diese Ausbrüche sind nicht nur ein bestürzender Ausdruck extremer Feindseligkeit, sie können auch, weil sie äußerst schmerzlich sind, noch zusätzliche Feindseligkeit und Ärger im Kind auslösen. Statt einfach nur eine Entladung heftiger feindseliger und wütender Gefühle zu sein, verfestigen Wutausbrüche diese Emotionen auch. Wir haben erörtert, wie schädlich diese Anfälle für die Entwicklung sind: Sie lösen Verwirrung aus, überfordern das Kind und bewirken bei ihm (und oft auch bei den Eltern) Hilflosigkeit und Verzweiflung. Wir möchten Eltern dringend raten, sich nicht davon einschüchtern zu lassen. Räumen Sie dem Wutanfall oberste Priorität ein, wenn er auftritt, und lassen Sie andere Dinge liegen, um sich mit ihm auseinanderzusetzen. Der konstruktive Umgang mit Wutausbrüchen sollte für uns alle vorrangig sein.

6. Wie sämtliche anderen Quellen extremer Unlust können auch *schmerzliche Gefühle Feindseligkeit in Gang bringen.* Von Ausnahmen abgesehen, lösen ausgeprägte Angst und Depression meistens Feindseligkeit aus, ganz gleich, ob diese sichtbar und unmittelbar ausgedrückt wird. Auch andere Gefühle können sehr

schmerzlich sein und eine ähnliche Wirkung haben. Scham zum Beispiel kann bei Menschen Wut und den Wunsch auslösen, sich und andere herabzusetzen. Schuldgefühle können zu dem beharrlichen Bedürfnis nach harter (Selbst-)Bestrafung führen. Eifersucht kann Rachegedanken schüren. Auch wenn Eltern vielleicht nicht in der Lage sind, solche Gefühle beim Kind abzustellen, können sie ihm helfen, damit umzugehen und ihre Heftigkeit zu mildern.

7. Und schließlich haben wir darüber gesprochen, wie wir mit Aggression konstruktiv umgehen können, indem wir für eine optimale Ausstattung des Fahrzeugs sorgen, das das Kind durch seine lange Entwicklung befördert: die Beziehung zu seinen Eltern. *Wege zur Verbesserung der Eltern-Kind-Beziehung* einzuschlagen heißt unserer Meinung nach, den Weg zu gehen, der die gesunde emotionale Entwicklung unserer Kinder am nachhaltigsten fördert. Darüber hinaus ist dieser Weg auch für uns als Eltern weitaus befriedigender und kann unser eigenes Leben bedeutend bereichern.

Anmerkungen

1 Seit 1970 hat sich unsere Arbeit mit Eltern und deren Kleinkindern formal der Fortbildung in Erziehung zugewandt. Wir haben für diese Arbeit zwei Methoden entwickelt. Erstens arbeiten wir in Gruppen, um Personen, die bereits Eltern sind, zu unterrichten. Eine Gruppe besteht aus sieben bis zehn Müttern (und, wo möglich, Vätern) mit all ihren Vorschulkindern, die sich wöchentlich für eine anderthalbstündige Sitzung mit zwei Psychologen treffen, welche speziell in Kleinkindentwicklung ausgebildet sind. Diese Gruppe trifft sich so lange weiter, wie die Teilnehmerinnen und Teilnehmer es möchten. In einer zwanglosen Atmosphäre reden wir über die Verhaltensweisen der Kinder, die für die Eltern verwirrend oder schwierig sind. Wir besprechen auch sämtliche Fragen, die Eltern zu ihren Kindern oder ihrer Elternrolle haben. Diese Gruppen existieren jetzt seit mehreren Jahren, und im Laufe dieser Zeit haben wir erlebt, wie Mütter mit einem ganz unterschiedlichen Stand an Erziehungswissen viel Verständnis für das Erleben ihres Kindes und die Psychodynamik seines Verhaltens gewonnen haben. Damit konnten sie den Grundstein für eine Erziehung legen, mit der sie das Wachstum des Kindes besser fördern.

Zweitens unterrichten wir Studentinnen und Studenten – also potentielle Eltern – in Kindererziehung, und zwar für Kinder vom Kindergarten an bis zur zwölften Klasse. Wir sind dabei, einen Lehrplan zu entwickeln, der den emotionalen Sektor der Elternrolle umfaßt (Parens u.a., in Vorbereitung). Erste Feldforschungen mit unserer Methode sowie mit einem einführenden Lehrplan, den Heath und Kollegen (1986) entwickelt haben, zeigen vielversprechende Resultate und wecken bei den Studenten viel Interesse.

2 Für eine vollständigere Erklärung unseres Aggressionsmodells verweisen wir die Leserinnen und Leser auf Henri Parens: *The Development of Aggression in Early Childhood*, New York: Jason Aronson 1979.

3 Nur sehr selten kommt es vor, daß Kinder mit Hirnerkrankungen – wie solchen, die zu epileptischen Anfällen führen – Wutreaktionen zeigen, die nicht durch die Erfahrung extremer Unlust ausgelöst sein mögen. Wir gehen davon aus, daß dies Ausnahmefälle sind.

4 Henri Parens: *The Development of Aggression in Early Childhood*, a.a.O.

5 Zum Beispiel Stanley Turecki und Leslie Tonner: *Das lebhafte Kind – fordernd und begabt. Ein Ratgeber für Eltern und Erzieher: fundiert, vernünftig, praktisch – das Ergebnis der Forschung auf diesem Gebiet aus den letzten 30 Jahren*, München: Droemer Knaur 1988.

6 Henri Parens: *The Development of Aggression in Early Childhood*, a.a.O., S. 204 f.

7 Vgl. dazu Daryl Sifford: *Father and Son*, Philadelphia: Bridgebooks 1982. Dies ist ein ausgezeichnetes Beispiel für einen Vater, der mit seinem erwachsenen Sohn daran arbeitet, die traumatischen Auswirkungen zu beheben, die die Scheidung der Eltern auf diesen hatte und die dazu führten, daß seine Beziehung zum Vater schwer gestört war.

8 Vgl. Margaret S. Mahler, Fred Pine und Anni Bergmann: *Die psychische Geburt des Menschen. Symbiose und Individuation*, Frankfurt/Main: Fischer Taschenbuch, 11. Aufl. 1993.

9 Henri Parens: *The Development of Aggression in Early Childhood*, a.a.O., S. 227.

Register

166